잭 런던의 조선사람 엿보기

제 2 판

잭 런던의 조선사람 엿보기

1904년
러일전쟁
종군기

잭 런던 지음 | 윤미기 옮김

외국인의 눈에 비친 근대 조선과 조선인의 모습

1~12: 헤르트 폰팅(Herert G. Ponting)이 찍은 사진(1903)
13~18: 작자 미상의 사진(ca. 1899-1903)

1. 저잣거리의 인파

2. 어느 마을의 거리

3. 한강의 한 나루터

4. 성곽에서 내려다본 거미줄처럼 얽힌 마을 풍경

5. 목탄을 나르는 짐꾼

6. 편자를 박는 대장장이

7. 닭 장수

8. 키를 쓴 여인들

9. 호랑이 사냥꾼들

10. 장승에 소원을 비는 사람들

11. 양반 가문의 가족사진

12. 조선 정부의 관리들

13. 조선의 전통 혼례

14. 여인을 태운 가마와 가마꾼들

15. 친척 집을 방문한 부부

16. 나귀를 탄 양반과 마부

17. 산수 구경을 나온 양반과 하인들

18. 옹기를 나르는 짐꾼들

추천사

 이 책은 잭 런던이 러일전쟁을 취재하기 위해 잠시 우리나라에 머물면서 본 내용을 기록한 것이다. 우리의 역사, 문화, 관습 등을 간과한 관찰이지만 어느 면에서는 우리의 100여 년 전 모습을 적나라하게 보여주는 풍속화라고도 할 수 있다. 그가 관찰한 그때의 우리는 게으르고 무력하고 내 나라 땅을 일본, 러시아에게 내주는 희망이라고는 전혀 없는 국민이었고 비참한 나라였다. 탐관오리가 불쌍한 백성을 수탈하는 모습은 분노를 자아내기까지 한다.

 잭 런던이 예측했던 일본과 중국의 부상은 정확한 것이었다. 당시 유럽에서 유행하던 아시아 위험론인 '황화위험'의 편견적 관점이 반영된 관찰이지만 역사는 그의 관찰대로 이루어지고 있다.

그러나 조선에 대한 관찰은 그대로 이루어지지 않았다. 그가 보았던 우리의 부정적 모습이 1900년경으로부터 60년이 지난 후에도 개선의 기미가 없었던 것은 사실이다. 그래서 1960년대 한 영국 기자는 한국에서 민주주의가 정착하고 경제가 발전하기를 기대하느니 차라리 쓰레기통에서 장미가 피기를 기대하는 편이 낫다고까지 말한 것이다.

100여 년 전에 잭 런던이 전혀 희망이 없는 것으로 보았던 한국은 이제 세계의 중심 무대에 서 있다. 아직도 분단의 고통을 안고 있지만 민주주의가 정착했고 경제력 세계 12위의 국가로 부상하고 있다. 그토록 척박한 환경에서 일어난 한국은 우리 스스로가 생각하는 것보다 훨씬 강한 나라이며 세계인들로부터 부러움을 사고 있다. 다시는 잭 런던이 보았던 100여 년 전의 모습으로 되돌아가서는 안 된다.

우리가 잘나갈 때일수록 자만하지 말고 자신을 뒤돌아볼 필요가 있다. 개인이든 국가든 오만은 추락의 시작이기 때문이다. 과거의 늪에 빠져 헤어나지 못한다면 미래가 없겠지만, 과거를 좋은 교훈으로 삼는다면 그 과거가 비참했든 영광스러웠든 간에 분명히 자산이 될 것이다.

한반도의 지정학적 환경은 그때나 지금이나 크게 다르지 않다. 다른 점이 있다면 이제 우리는 그때와는 달리 힘 있는 나라로서 역할을 하고 있다는 사실이다. 이런 점에서 이 책을 보면 잭 런던이 전해준 100여 년 전 우리의 모습을 넘어 지금으로부터 100년 후의 우리의 모습은 어떨까를 생각하게 된다. 100년 후에는 통일된 나라로서 역동적이고 근면하며 남을 배려하는 진정한 의미의 선진국으로서 회자되기를 바란다. 이를 위해서는 다음 세대에게 좋은 교훈을 물려주는 것이 우리의 의무이다. 이 책이 그런 역할을 하기를 바란다.

선준영(전 외교부 차관, 유엔대사)

제2판 역자 서문

잭 런던(Jack London)은 1904년 러일전쟁이 발발할 즈음에 종군기자로 참여해달라는 요청을 받고 일본을 거쳐 조용한 아침의 나라인 조선 땅에 들어오게 된다. 잭 런던의 눈에 비친 조선 백성들은 겁이 많고 무능력하고 비능률적이었으며, 탐관오리들은 이 무기력하고 체념에 빠진 피지배계급에게 착취를 일삼는 자들이었다.

그는 일본인이 호전적이고 국가를 종교처럼 숭배하고 일황을 신으로 모시며 마치 일벌들이 벌통에 집착하는 것처럼 국가에 집착한다고 묘사했다. 그리고 일본인은 서양의 물질문명을 흉내 내는 데 천재적인 재능을 가졌고 성실한 일꾼이며 유능한 경영인이라고 했다. 또한 그는 일본인은 영혼이 없다고 했다. 물질문명은 흉내 낼 수 있지만 서양인들의 기독교를 바탕으로

한 정신세계는 흉내 내지 못하며 그런 영혼이 일본인에게는 없다고 했다. 그가 두려워한 민족은 황색인, 즉 중국인이었다. 그가 본 중국은 잠자는 호랑이로, 당시 서방세계의 인구를 다 합친 것보다 많은 4억 명의 인구와 광활한 옥토, 무궁무진한 천연자원을 가지고 있었다. 게다가 중국인에게는 특유의 상술이 있었다. 그는 서양문명을 일찍 흡수한 일본에 의해 중국이 잠에서 깨어난다면 서방세계를 위협할 두려운 존재로 부각될 것이라고 예견했다.

하지만 잭 런던도, 이 땅에 빛을 가져다준 언더우드 선교사도, 우리의 의사는 무시한 채 조선의 주권을 일본에게 내준 시어도어 루스벨트(Theodore Roosevelt) 대통령*도 모두 그 당시 조선과 조선인을 희망이 없는 무기력한 나라로, 구제불능한 민족으로 생각했다. 그렇다. 우리의 영토는 비옥하지도 광활하지도 않았고 천연자원도 없었으며 인구도 많지 않았다. 어떻게 보면 중국, 일본에 치일 수밖에 없는 나라였다.

---

* 헨리 키신저(Henry Kissinger)의 자서전 『Diplomacy』에 의하면 1905년 미국과 일본 간에 이루어진 가쓰라-태프트 밀약으로 미국은 필리핀을, 일본은 조선을 지배할 권리를 갖게 된다. "조선은 독립국으로 명시되어 있으나 그 조약을 지킬 힘이 없고 그 어느 나라도 조선을 지켜주지 않으리라는 것을 의심할 여지가 없다"(Kissinger, 1995)./ 옮긴이 주

언더우드 선교사의 기도문*

주님! 지금은 아무것도 보이지 않습니다.

주님, 메마르고 가난한 땅

나무 한 그루 시원하게 자라오르지 못하고 있는 땅에

저희들을 옮겨와 심으셨습니다.

어떻게 그 넓고 넓은 태평양을 건너왔는지 그 사실이 기적입니다.

주께서 붙잡아 뚝 떨어뜨려 놓으신 듯한 이곳

지금은 아무것도 보이지 않습니다.

보이는 것은 고집스럽게 얼룩진 어둠뿐입니다.

어둠과 가난과 인습에 묶여 있는 조선 사람뿐입니다.

그들은 왜 묶여 있는지도 고통이라는 것도 모르고 있습니다.

고통을 고통인 줄 모르는 자에게 고통을 벗겨주겠다고 하면

의심하고 화부터 냅니다.

조선 남자들의 속셈이 보이지 않습니다.

---

* 호러스 언더우드(Horace G.Underwood)는 미국 장로교 선교본부에 의해 개신교 선교사로 파송되어 1885년 4월 처음 조선 땅을 밟았다./ 옮긴이 주

이 나라 조정의 내심도 보이지 않습니다.

가마를 타고 다니는 여자들을 영영 볼 기회가 없으면 어쩌나 합니다.

조선의 마음이 보이지 않습니다.

그리고 저희가 해야 할 일이 보이지 않습니다.

그러나, 주님 순종하겠습니다.

겸손하게 순종할 때 주님께서 일을 시작하시고

그 하시는 일을 우리의 영적인 눈이 볼 수 있는 날이 있을 줄 믿나이다.

"믿음은 바라는 것들의 실상이요, 보지 못하는 것들의 증거니……"라고 하신 말씀을 따라 조선의 믿음의 앞날을 볼 수 있게 될 것을 믿습니다.

지금은 우리가 황무지 위에 맨손으로 서 있는 것 같사오나

지금은 우리가 서양귀신이라고 손가락질받고 있사오나

저희가 우리 영혼과 하나인 것을 깨닫고, 하늘나라의 한 백성, 한 자녀임을 알고 눈물로 기뻐할 날이 있음을 믿나이다.

지금은 예배드릴 예배당도 없고 학교도 없고

그저 경계의 의심과 멸시와 천대함이 가득한 곳이지만

이곳이 머지않아 은총의 땅이 되리라는 것을 믿습니다.
　　주님! 오직 제 믿음을 붙잡아주소서!

　잭 런던보다 20여 년 앞서 이 땅을 밟은 언더우드 선교사의 기도문은 잭 런던의 관찰이 아프지만 인정해야 할 우리의 모습이었음을 받아들이게 해준다.

　그런데 그런 아무것도 없는 우리 민족이 빛을 제일 먼저 받아들였다. 평양기도운동이 전국적으로 일어났고 가치관이 바뀌었고 능력을 주시는 자 안에서 못할 것이 없는 민족이 되었다. 일본이 나라를 종교로 삼고 중국은 공산주의 이념을 숭배할 때 우리 민족은 빛을 받아들였다. 우리에게는 영혼이 생긴 것이다. 즉, 잭 런던이 100여 년 전에 자랑스럽게 자신들의 힘이라고 말했던 예수 그리스도를 일본, 중국보다 먼저 조선이 받아들인 것이다. 그 누구도 한국이 이렇게 잘 살게 되리라고 생각지 못했을 것이다. 잭 런던이 예견했던, 앞으로 서방세계가 두려워할 민족은 일본도 중국도 아닌 한국 민족이라고 감히 말하고 싶다. 왜냐하면 우리에게는 빛을 받아들인 영혼이 있기 때문이다.

　잭 런던이 이 땅에 왔던 1904년보다, 그리고 이 책의 초판이 나왔던 1995년보다 오늘 우리는 분명 많은 것을 이루어냈다. 그러나 스스로를 세계 속에 객관화시키는 데는 여전히 미숙한 것 같다. 새로운 세대는 좀 더 냉정한 시각으로 우리를 바라보고 그것을 바탕으로 성숙해지고 우리에 대한 자긍심을 단단히 다지기를 바라는 마음에서 제2판을 준비했다.

이번 제2판에서는 미흡했던 표현들을 다듬었다. 그리고 지명이나 인명 등에 대한 확인 작업도 병행했다. 그러나 원본(초판 역자 서문에서 이 책은 영문본이 아니라 불어본을 참고로 번역했음을 밝힌 바 있다) 표기만으로는 확인할 수 없는 것들이 더러 있었다. 잭 런던이 당시 조선의 지리나 역사에 어두웠던 데다 여러 언어를 거치면서 실제의 지명이나 인명 등과 표기가 달라졌을 것이라고 변명을 해본다. 이 점 독자들의 너그러운 이해를 구한다.

마지막으로 추천사를 써주신 선준영 전 유엔대사님께 고개 숙여 감사드리며, 초판의 미진함을 털 기회를 주신 도서출판 한울의 김종수 사장님께도 감사의 말씀을 드리고 싶다.

2011년 3월 윤미기

초판 역자 서문

이 책의 제목을 처음 접했을 때 무엇인가 짜릿함을 느꼈다.

"잭 런던이 우리나라에 왔었다니!"

과연 그는 20세기 초 조선을 방문하여 무엇을 보고, 무엇을 느꼈으며, 무엇을 기록에 남겼던 것일까? 20세기 초 미국 최고의 사회주의 작가이며, '소설 자본론'으로 일컬어지는 『강철군화(The Iron Heel)』로 일약 베스트셀러 작가가 된 잭 런던이 쇠락의 길을 걸으며 러일전쟁의 전쟁터가 된 조선을 방문하여 무엇을 보았던 것일까?

그의 문학 속에 빛나는 날카로운 사회 해부학에 답답하게 느껴지던 봉건 말기의 조선을 맡겨보고 싶었다.

그러나 급한 마음으로 순식간에 읽고 난 후 남은 것은 허전함이었다. 아니 배반감이란 표현이 더 솔직한 감정일 것이다. 그리고 한동안 이 책을 잊고 있었다.

그러다가 최근 들어 '국제화'니 '세계화'니 하는 이야기가 보통 사람들의 마음까지 다급하게 만들고, 일본이 있다는 둥 없다는 둥 하는 이야기가 화제가 되는 것을 보면서 불현듯 이 책이 다시 떠올랐던 것이다.

비록 이 책이 본래 기대했던 것과 같은 봉건 말기 조선사회의 해부도 아니고, 찬찬하게 조선의 외양을 관찰한 기록도 아니지만, 한 혈기왕성한 미국의 진보적 지식인이 일본, 러시아, 중국 등 강대국의 격랑과 그 불길에 휩싸인 조선을 바라보며 툭툭 던져놓은 이야기들이 기억에서 좀처럼 사라지지 않았기 때문이다.

역자가 그러했듯이 이 책을 처음 접하는 독자들은 어쩌면 큰 실망감이나 모멸감을 느끼게 될지도 모른다. 일본군을 따라서 러일전쟁을 취재한 종군기자로서 바라본 조선, 조선인은 이제 곧 제국주의의 먹이가 될 수밖에 없는 허약한 모습 그대로였던 것이다.

잭 런던은 나약한 조선인에 대한 특별한 동정심도 없었고, 조선 문화에 대한 이해심도 없었다. 차라리 그는 동양의 새로운 강자로 성장하고 있는 일본에 대해 일종의 경외감을 가지고 있었다. 러일전쟁에서의 일본의 승리는 서양인들에게는 거대한 충격이었다. 서양인들에게 놀라움으로 다가온 일본의 승리를 잭 런던은 전쟁터의 순간순간을 포착하며 하나의 필연성으로 그려내고 있다.

잭 런던의 눈에 비친 일본, 중국 그리고 조선의 모습은 아마도 당시의 일반적인 서양인들이 동양에 대해 가지고 있었던 보편적인 인식 그 자체였을 것이다. 이제 91년이 흘렀다. 한 세기를 마감하고 있는 것이다. 일본, 중국, 그리고 분단된 한국. 과연 보편적인 서양인들은 오늘날의 동북아시아에 대해 어떠한 개념을 가지고 있을까? 잭 런던이 던져놓은 몇 가지 인식의 조각들이 여전히 유효한 것은 아닐까? 이러한 생각이 들면서 역자는 이 책을 번역할 필요성을 느꼈다.

어떤 이들은 이 책을 읽은 후 단순히 기분만 상하고 말지 모른다. 또 다른 이들은 무책임한 잭 런던의 발언이나 제국주의에 대한 잭 런던의 인식의 부족을 비판할지도 모른다. 하지만 역자가 굳이 이 책을 번역한 이유는 한편으로 동북아시아의 역사적 흐름을 읽어낸 그의 독특한 예감이 어쩌면 오늘날의 동북아시아를 파악하는 데 도움을 줄 수도 있다고 느꼈기 때문이며, 다른 한편으로는 잭 런던이 조선을 관찰한 이후의 91년 역사가 기분 나쁘게도 그 관찰의 정확성을 확인시켜주었다면, 이제는 그의 관찰을 거울삼아 역사의 굴레를 벗어야 한다는 생각 때문이다.

이 책을 출판하는 데 도서출판 한울의 편집진 내에서도 여러 번 논란이 있었던 것으로 알고 있다. '기분 나쁜 조선 관찰기'가 오늘날 한국의 독자들에게 소개될 필요가 있을까 하는 고민 때문이었을 것이다. 결국 오랜 논란 끝에 이 책을 독자들에게 소개할 수 있도록 해준 도서출판 한울의 모든 관계자들에게 큰 감사를 드리고 싶다.

마지막으로 밝혀야 될 것은 이 책의 번역본은 영문본이 아니라 불어본이라는 사실이다. 처음 불어본(『LA CORÉE EN FEU』)을 읽은 후 영어본을 구하려 했으나 구할 수가 없었다. 이 책은 잭 런던이 당시에 종군기자로서 여기저기에 기고한 글들을 1982년에 프랑스의 출판사(Union Générale d'Éditions)가 엮어서 출판한 것이기에 영어본은 없는 것으로 판단된다. 잭 런던이 본래 썼던 글들을 추적하여 구했으면 좋았겠지만 91년 전 잡지에 실린 글들을 빠짐없이 구한다는 것이 엄두가 나지 않아서 불어본을 그냥 번역하게 되었다. 이 점에 대해 독자의 이해를 구하고 싶다.

1995년 2월 윤미기

프롤로그

1904년 2월 8일, 조선의 제물포항을 빠져나오던 두 대의 러시아 순양함, '바리야크'호와 '코리츠'호가 일본 함대의 총공격을 받았다. 양국이 선전포고를 하지 않은 상태에서 국제법을 무시하고 일어난 사건이었다. 여러 시간의 피나는 전투 — 특히 러시아의 입장에서 볼 때 — 가 끝난 후, 러시아인들은 항복하기를 거부하고 그들의 배를 스스로 폭파시켜버렸다. 이 전투에서 살아남은 자들은 영국인들이나 프랑스인들의 배에 의해 구출되었다.

그렇게 구출된 러시아인들은 오스트리아의 배를 타고 4월 5일 마르세유에서 대대적인 환영을 받았다. 황인종 진출의 위협에 대한 정열적 도전……. 그들은 역사에 '제물포의 영웅들'로 남게 된다.

이 제물포 사건은 그 한 달 전부터 팽팽하게 대치 상태에 있던 러시아와 일본의 전쟁이 일어나는 돌발점이 된다. 무슨 일이 일어날 것을 기다리며(아니면 바라며?) 세계 각국에서 모여든 신문기자들이 일을 할 수 있게 된 것이다. 적어도 그들은 그렇게 믿었다.

그러나 그들 중 그 예기치 못했던 제물포 전투를 목격한 사람은 아무도 없었다. 그들 중 오직 세 명만이(잭 런던도 포함) 제물포 전투 이후에 벌어질 러시아와 일본의 전쟁이 조선에서 일어날 것이라고 보았다.

러시아군들은 만주 쪽에서 이미 일본의 잠정적 식민지인 '조용한 아침의 나라'의 북쪽을 밀고 들어왔다. 이렇게 해서 조선에서 전쟁이 시작되었다.

전쟁이 발발되기 5주 전쯤에 잭 런던은 예상된 전쟁에 참여해 달라는 요청을 받았다.

차례

추천사 13
제2판 역자 서문 16
초판 역자 서문 22
프롤로그 26

1장   일본 경찰의 조사를 받다 31
2장   평양으로 가는 길 38
3장   러시아군이 일본군에 접근하다 50
4장   조선에 온 일본 군대의 근황 54
5장   진흙투성이의 국도 58
6장   일본군은 왜 서양인들에게 아부하는가 69
7장   카자크군의 갑작스러운 진격과 후퇴 76
8장   압록강을 향하여 82
9장   통역들의 실수 95
10장 무슨 일이 있더라도 조선을 지나서…… 101
11장 전쟁을 겪는 조선인 121
12장 일본 병사들의 고통 131
13장 머핏 박사 140

14장 서울에 파견된 ≪샌프란시스코 이그재미너≫지의 기자 156
15장 드디어 '전쟁의 무대'를 보다 163
16장 원거리 전투 167
17장 일본의 정면공격 174
18장 일본의 보이지 않는 전투 190
19장 일본이 러시아를 압록강 저편으로 밀어내다 198
20장 러시아의 포격 아래 압록강을 건너다 203
21장 군 기밀에 너무 예민한 일본군 장교들 209
22장 일본에 의해 무용지물이 된 종군기자의 역할 218
23장 잠자는 호랑이 중국 226
24장 일본이 중국을 깨운다면…… 246

1

일본 경찰의 조사를 받다

1904년 2월 3일, 시모노세키

나는 서울로 가는 길목에 있는 제물포행 기선을 타려고 요코하마(橫濱)에서 고베(神戶)까지 하루 종일 여행을 했다. 그런 다음 역시 제물포로 가는 기선을 타려고 하루 밤과 낮을 꼬박 보내며 고베에서 나가사키(長崎)까지 갔다. 그다음에는 나가사키에서 모지(門司)로 하루를 꼬박 갔다. 월요일 아침, 모지에서 나는 그날 오후에는 떠날 수 있으리라 생각하고 제물포로 가는 표를 샀다. 오늘은 수요일인데 나는 아직도 제물포행 기선을 타려고 애쓰고 있다.

모지는 규칙이 엄격한 곳이며 '바다나 육지의 경치'를 사진으로 찍는 것이 금지되어 있었다. 나는 나중에야 이 사실을 알았지만……. 어쨌든 나는 그 '바다나 육지의 경치'를 찍은 적은 없었다. 하지만 전에 내가 얼마나 효과적으로 사진을 잘 찍었는지, 사진을 찍어서는 안 된다는 것을 알고 난 지금에서야 깨닫게 되었다.

나는 오사카 상선(大阪商船)의 매표소에서 표를 사서 호주머니에 집어넣고 나왔다. 솜뭉치를 나르는 짐꾼 네 명이 나타났다. 나는 그들의 사진을 찍었다. 그러고 나서 어린아이 다섯 명이 놀고 있는 것을 보았다. 그들의 사진도 찍었다. 석탄을 등에 진 한 떼의 짐꾼이 지나갔다. 또 찍었다. 그것으로 마지막이었다. 그때 구식으로 옷을 입은 한 중년 남자가 굉장히 흥분해 달려오더니 내 사진기 앞에서 팔을 흔들어댔다. 그리고 그 사람은 갑자기 사라져버렸다.

'아! 사진을 찍으면 안 되는가 보다'라고 생각한 나는 인력거를 불러 거리를 산책했다.

조금 후에 2층 건물 앞을 지나가는데 아까 그 일본인이 건물 입구에 서 있는 것이 눈에 띄었다. 그는 미소 지으며 들어오라는 손짓을 했다. '차를 마시면서 대화나 좀 나누자'는 뜻이겠거니 생각한 나는 안으로 들어갔다. 맙소사! 대화를 나누자는 것은 맞았으나 차는 아니었다. 나는 경찰서에 들어간 것이었다. 그 중년 남자는 '사복' 경찰이었다.

굉장한 소란이 뒤를 이었다. 경찰서의 과장, 서장, 계장 할 것 없이 모두 한 마디씩 하면서 이리 뛰고 저리 뛰었다. 나는 금단추 장식에 흰 계급장을 단 푸른 제복의 사람들이 가득 찬 벌집 속에 들어간 셈이었다. 문가와 창가로 사람들이 모여들더니 입을 헤 벌린 채 이 '러시아 스파이'를 구경하기 시작했다. 처음에는 그런 모든 것이 우습게 느껴졌기 때문에 '배를 타기 전에 재미있게 시간을 보낼 수 있겠군' 하고 생각했다. 그러나 2층으로 끌려가고 시간이 흘러감에 따라 내가 아주 심각한 일에 휘말렸다는 사실을 깨달았다.

나는 제물포로 곧 떠날 참이었다고 설명했다. 그러자 통역이 "잠시만 기다리세요"라고 말했다. 나는 여권, 신문기자증, 신용장, 제물포로 가는 배표 등을 보여주었으나 역시 "잠시만 기다리세요"라는 대답뿐이었다. 그뿐 아니라 통역은 "무척 죄송하다"는 말을 수없이 되풀이했다. 그는 그 말을 하기 위해 일부러 몇 번이나 2층으로 올라왔다. 내가 제물포로 떠나야 한다고 말하면 매번 그는 자신의 미안한 감정을 표현했는데, 내가 얼른 나가야 된다고 말하면 그는 나와 나의 계획에 관해 미안한 감정의 정도를 설명했다. 즉, 우리는 일종의 시합을 벌이고 있었던 셈이다.

그런 식으로 시간이 계속 흘렀다. 벌써 오래전에 식사시간이 지난 것 같았다. 나는 아침 일찍이 식사를 했다. 오후 늦은 시각인데도 식사 대신 "잠깐만 기다리세요"라는 말로 시장기를 달래야 했다. 얼마 후 심문이 시작되었는데, 그 심문이라는 게 뭔가 하면 나 자신과 내 직계가족들 그리고 다른 친척들에 관한 은근한 물음이었다. 그들은 나의 그 모든 대답을 대단히 중요한 정보나 되는 듯이 적었다. 특히 나의 가족에 관해서는 게걸스러울 정도의 흥미를 나타냈다. 아주 먼 친척에 관한 대답도 대단히 만족스러운 듯 종이에 열심히 적는 것이었다. 먼 친척들의 조상과 그들의 고향에 관한 자세한 내용이 나의 문제, 그러니까 석탄을 나르는 짐꾼들의 행렬, 길에서 놀고 있는 아이들, 솜을 지고 가는 짐꾼들을 찍은 내 사진의 문제를 해결하는 데 절대적으로 필요한 것 같았다.

그다음에는 일본에 도착하고 나서의 내 행선지를 물어볼 차례였다.

"무엇을 하러 고베에 갔었습니까?"

"제물포에 가려고 갔었지요." 나는 그런 식으로 내가 왜 일본의 여러 도시에 갔었는지를 설명했다. 그리고 내가 일본에 있는 유일한 이유는 제물포로 가기 위한 것이라고 분명히 밝혔다. 그러나 내가 그처럼 여기저기 돌아다녔다는 사실에서 그들이 끄집어낸 결론은 일정한 주거지가 없다는 것이었다. 나는 곰곰이 생각해보기 시작했다. 지난번에도 그들은 이런 식으로 하더니 부랑죄로 나를 감옥에 30일간이나 가두지 않았던가!* 그러자 갑자기 제물포가 멀고 힘든 곳으로 느껴지며 내 마음의 지평선상에서 이지러지기 시작했다.

"당신, 신분이 어떻게 됩니까?" 나를 신문하던 사람이 주제를 바꾸어 물어보기 시작했다.

나는 내가 제물포로 가는 여행객이라고 말하고 싶었지만 그냥 한낱 미국 시민에 불과할 뿐이라고 설명했다. 나는 그들이 말하는 '신분'이란 직업이나 하고 있는 일을 뜻하는 것이라는 설명을 들어야 했다.

나는 이렇게 대답했다. "내 할 일은 제물포로 가는 것이오." 그들이 이런 나의 대답을 수상쩍게 느끼는 것 같았기 때문에 나는 얼른 한 신문사의 기자로 가는 것이라고 공손히 덧붙였다. 그러자 그들은 내가 몇 시 몇 분에 사진을 찍었는지 물어보기 시작했다. 그 사진들이 바다와 육지를 찍은 사진이었던가? 아

---

* 1894년 런던에서의 경험을 말한다. 잭 런던은 부랑자라는 죄목으로 기소되어 30일간 구속된 적이 있었다./ 옮긴이 주

니다. 그것들은 인물사진이었다. 어떤 인물들을 찍었나? 나는 그 사진의 인물들이 솜을 지고 있던 짐꾼들, 놀고 있던 아이들, 석탄을 나르고 있던 행렬이었다고 자세히 설명했다. 그 사진들을 찍을 때 당신은 바다를 등지고 있었나, 아니면 육지를 향하고 있었나? 누군가가 내가 나가사키에서도 사진을 찍었다고 말했다(그건 거짓말이었다. 그들은 그 밖에도 수많은 거짓말을 하려 했다). 나는 완강히 부정했다. 게다가 그곳에서는 줄곧 비가 내렸다. 그들은 그 밖에 일본에서 찍은 사진들이 있냐고 물었다. 석 장이 있는데, 두 장은 후지 산을 찍은 것이고 나머지 한 장은 역에서 차를 파는 상인을 찍은 것이라고 설명했다. 그 사진들은 어디 있는가? 솜을 지고 있던 짐꾼들과 놀고 있던 아이들과 석탄을 나르고 있던 행렬을 찍은 사진기 속에 있는가? 그렇소.

이제부터는 솜을 지고 있던 짐꾼들과 놀고 있던 아이들, 석탄을 나르고 있던 행렬에 대해 물을 차례인가? 그때부터 그들은 그 석 장의 사진에 대해 묻기 시작했다. 위에서부터 아래까지, 전경(前景)에서부터 후경(後景)까지, 왼쪽에서부터 오른쪽까지……. 내가 솜을 지고 있던 짐꾼들과 놀고 있던 아이들, 석탄을 지고 가던 사람들이 태어나지 않았더라면 하고 바랄 때까지 그들은 수없이 질문을 퍼부었다.

그 이후로 나는 자주 그들의 꿈을 꾸었는데, 아마도 내가 죽을 때까지 그들이 꿈에 나타날지도 모르는 일이었다.

왜 그 사진들을 찍었는가? 내가 원해서지요. 왜 원했는가? 그저 좋아서지요. 왜 좋은가?

친애하는 독자들이여, 내가 처한 상황에 대해 한번 생각해보라. 일상생활에서 일어난 일들에 대해 그렇게 꼬치꼬치 캐묻는다면 당신은 무엇이라고 대답할 것인가. 왜 그런 일을 했는가? 그것을 원했고 좋았기 때문이다.

"당신이 좋다고 해서 왜 그런 일을 했습니까?"라는 물음에 대한 답은 모든 심리학의 핵심을 이룰 것이다. 그런 질문에 대한 대답은 기본적인 인간 존재와 관계가 있을 것이다.

2 평양으로 가는 길

1904년 2월 26일

"당신이 살 수 있는 것은 다 사서 준비하고 난 후에 평양으로 떠나시오."

나는 제물포에 발을 들여놓자마자 이런 말을 들었다. 그것은 일주일 만에 백인에게서 들은 첫 마디였다. 나는 일주일 동안 조선의 서해안을 따라 갑판이 없는 고깃배를 타고 원주민(조선인)들과 함께 항해를 했다.

이 말을 한 사람은 제물포에 먼저 온 세 명의 기자 중 한 명이었다. 나는 이곳에 도착한 네 번째 기자가 된 것이다. 아직도 다른 50여 명의 기자들은 그들을 수송해줄 배를 구하는 대로 일본을 떠날 때를 초조하게 기다리고 있었다. 나보다 먼저 온 존스와 맥로드 두 기자도 초조하긴 마찬가지였다. 다음의 말이 그들의 심정을 잘 나타내준다.

"이곳에 온 지 2주일이 되었고 떠날 준비가 다 되었습니다. 말과 마부도 있고 통역도 구했고, 그러니까 다 된 거지요."

일주일 전부터 전쟁이 시작되었다고 하지만 나는 겨우 이제서야 그 사실을 알게 되었다. 무연탄가스에 심하게 중독되는 바람에 정신이 혼미했다. 나는 고향의 음식과 집과 사람들과 떨어져 있지만 지체하지 않고 장비를 갖추기 시작했다. 여행은 말을 타고 해야 했는데 나는 말을 탈 줄 몰랐다. 나를 맞아주고 충고를 해주었던 존스와 맥로드가 내게 말 타는 법을 가르쳐주기로 했다.

그들의 방법은 - '마부(말을 돌보는 하인)'와 인력거꾼과 짐꾼과 호텔 앞에 있던 할 일 없는 사람들이 볼 때 - 기발했다. 존스와 맥로드는 중간 크기의 온순한 중국산 말을 탔다. 그들은 나를 위해서 종마 한 마리를 구해주었다. 말은 훌륭해 보였다. 말을 보자 가슴이 두근거렸고 무척 자랑스러웠다. 마부 두 명이 말의 머리를 잡고 있었는데 이상을 발견할 수 없었으므로 나는 안장에 올랐다. 구경꾼들이 웃으며 흩어졌다. 마부가 고삐를 놓자 말이 출발했다.

그러나 나는 화살처럼 똑바로 갈 수가 없었다. 그러기는커녕 말은 꼭 무제한의 속도와 에너지를 지닌 부메랑처럼 달렸다. 갈지자로 가기도 하고 원을 그리기도 하고 하얀 눈 속에 파묻히기도 하고, 내가 달리는 길 – 아무도 내가 달리는 길의 방향을 몰랐다 – 에 있는 다른 말들과 세차게 부딪히기도 하는 등 그야말로 난장판이었다.

그것은 내 잘못이 아니었다. 내가 하려고 했던 유일한 것은 말을 똑바로 가게 하는 것이었고 내가 성공했던 유일한 것은 말 위에 남아 있는 것이었다. 다른 말들이 내 말을 물었다. 내 말은 앙갚음을 하려고 다른 말들의 뒤를 쫓아갔고 턱을 부딪히며 앞발을 들고 싸웠다.

"이봐 친구, 이렇게 해봐." 존스가 내게 외쳤다.

나는 숨이 차서 대답할 수 없었지만 그의 지시를 따랐다. 내 말이 앞발로 존스의 말을 살짝 건드리는 바람에 그의 말이 한 바퀴를 돌았다. 내 말은 앞발질을 해대고 존스의 말을 물려고 뒤를 쫓았다. 존스는 채찍으로 내 말의 주둥이를 때렸다. 나는 있는 힘을 다해 고삐를 잡아당겼다. 하지만 아무 소용이 없었고 그 동안 존스는 맥로드 쪽으로 멀리 도망갔다.

나의 말은 존스를 따라가다가 길 밖으로 나가 눈 속에 파묻히기도 했으며 사방으로 빙빙 돌기도 했다. 마부 두 명이 내 말의 머리를 잡으러 급히 달려오는 것을 보고, 나는 몸이 안장에서 미끄러져 내려오도록 내맡겼다. 말은 멀리 도망가버렸다. 시계를 보니 겨우 4분 동안 벌어진 일이었다. 하지만 나는 그러한 난장판이 20분은 더 된 것 같다고 목숨을 걸고 맹세할 수 있다. 온몸이 쑤셨고 숨이 막힐 것 같았으며 심장은 터질 것 같았다. 무척 추운 아침 – 영하 10도에서 15도 정도 – 이었는데도 땀으로 범벅이 되어 있었다. 등에서 땀이 흐르는 것을 느낄 수 있었고 내 얼굴은 방금 샤워한 것처럼 흠뻑 젖어 있었다.

"저 말을 자네가 갖고 자네 말을 저 친구에게 주게나." 맥로드가 존스에게 제의했다. 존스는 머리를 흔들었고 내 말은 영 못마땅한 표정을 짓고 있는 두 마부의 손에 이끌려 호텔 안으로 종종걸음을 치며 들어갔다.

"자네에게는 성격이 온순하고 조용한 말이 필요할 것 같네." 존스가 말했다. 그 충고는 하나 마나한 것이었다. 왜냐하면 그 말은 내가 타기 전에는 분명히 온순하고 조용했기 때문이다.

"어쨌든 이 말은 사지 않겠네." 내가 말했다. 나는 임시로 통역을 고용했다. 그의 통역 실력이 너무나 훌륭(?)했기 때문에 가계약을 맺기로 한 걸 얼마나 다행으로 여겼는지 모른다. 그는 일본인이었고 모든 대화를 다 외워서 했던 것이다! 가계약이 체결

되자 마지막으로 그는 이렇게 암송했다. "당신과 함께 전쟁터로 떠나기를 진심으로 갈망합니다." 5분이 지나자 그의 영어는 바닥이 났고, 그에게 내가 하는 말을 이해시키기 위해 존스의 통역을 빌려야 했다.

"자네에게는 마부와 보이가 필요해." 존스가 말했다. 마부는 말을 취급하는 하인인데, 식사는 스스로 해결하고 한 달에 보통 4 내지 6달러를 받는다.

나는 조용하고 온순한 말을 찾기 전까지는 마부를 고용하지 않기로 했지만 보이는 구하기로 했다. 마침 호텔 주인인 엠벌리 씨가 내게 꼭 적합한 아이가 있다고 했다. '만영'이라고 하는 아이에게 식사를 제공하지 않고 17.5달러를 주기로 합의를 보았다. 그것은 후한 봉급이었다.

그는 유럽식 옷차림을 하고 있었는데, 옷깃을 세운 흰 와이셔츠에 넥타이를 맸으며 조끼까지 입고 있어서 부족한 것이 하나도 없어 보였다. 그의 영어 실력은 내가 임시로 데리고 있던 통역보다 훨씬 훌륭했고, 조선인인 그는 스스로 일을 썩 잘해낼 뿐 아니라 다른 조선인들에게 일을 시킬 줄 아는 놀라운 재능도 있었다. 호텔 보이들은 내가 옷을 입고 나가기 전에 방에 불을 지펴주고 뜨거운 물을 가져왔다. 그리고 처음으로 그 불은 계속해서 타올랐다! 내게 그런 진주를 구해준 것으로 보아 엠벌리 씨야말로 조용하고 온순한 성격의 말을 구해줄 완벽한 사람임이 분명했다. 그리하여 나는 그와 함께 조선 세관장인 브라운 씨를 만나러 갔다. 브라운 씨에게는 말이 두 마리 있었다. 우리는 그 말들을 살펴보았는데 두 마리 중 하나는 사납게 걷고 있었다.

"나도 말이 필요한데 이걸 사기로 하지요." 엠벌리 씨가 말했다. "당신이 타기엔 너무 힘이 좋아 보이는군요." 그가 덧붙였다. 나도 전적으로 동감이었다. 두 번째 말을 보고 나는 첫눈에 반해버렸다. 내 생전에 그렇게 잘생기고 눈이 온순해 보이는 말은 본 적이 없었다. 그 말은 쓰다듬어도 가만히 있었고 내게 목을 비비며 더 쓰다듬어 달라고 힝힝거렸.

나는 물었다. "이거 좋은 말이에요? 아시다시피 나는 말에 대해선 아는 것이 전혀 없거든요." 그가 대답했다. "당신에겐 아주 이상적이지요." 나는 그 말을 샀고 다음 날 아침 호텔로 데려왔다. 장애물 경주를 하는 기수 프라지에 씨가 그 말을 데리고 산책을 나갔다. 헨리 알렌(Henry T. Allen) 장군*이 지켜보고 이렇

---

* 헨리 알렌(1859~1930)은 1882년 웨스트포인트사관학교를 졸업했다. 1890년에서 1895년까지 러시아에서 육군 무관을 지냈고 1904년에는 일본 육군 참관인으로 조선에 파견되었다.

게 말했다.

"정말 멋진 말이야. 쉽게 탈 수 있으면서도 아주 용감한 말이네."

"맥로드나 존스의 말보다 인내심이 많아요. 아주 좋은 말이군요." 프라지에 씨가 말했다.

나는 내 말이 새삼스레 자랑스러웠다. 안장을 얹고 말을 타고 서울을 향해 떠났는데 말이 자꾸 오른쪽으로만 가는 경향이 있었다. '고삐를 잡아야 하나 보다'라고 생각한 나는 고삐를 좌측으로 잡았다. 그 결과 대강 똑바로 갈 수 있었지만 그렇다고 해서 가는 방향이 완전히 맞은 것은 아니었다.

나는 그렇게 오른쪽으로만 가기를 좋아하는 말이 과연 얼마나 계속 오른쪽으로 가는지 보기로 했다. 그래서 고삐를 잡고 기다렸다. 말은 곧 오른쪽으로 치우치기 시작했는데 오른쪽에는 3미터 정도의 깊은 구덩이가 있었다.

'가장자리에 가면 서겠지'라고 생각한 나는 말의 대담함을 감당하기 위해서 용기를 냈다. 말은 겁도 없이 가장자리로 가더니 아슬아슬하게 지나갔다. 사실을 말하면, 내가 고삐를 좌측으로 돌리지 않았더라면 나는 말을 탄 채로 웅덩이에 빠졌을 것이다.

나는 왼쪽 고삐를 잡고서 사람들이 바글거리는 좁은 길로 들어섰다. 많은 소들과 수레들, 짐을 실은 나귀들, 걷거나 말을 타고 가는 군인들, 떼로 몰려다니는 아이들. 무감각한 조선인들은 너무나 게을러서 길을 비켜주지 않았고, 길도 엄청나게 막혔다. 그 수많은 말들이 뒷발질을 하는데도 사고가 일어나지 않았던 건 지금 생각해도 기적 같다.

첫 번째 사고가 난 것은 돌아오는 길에서였다. 궁궐을 지나 바로 옆으로 난 공사관으로 가는 길목에서였는데, 그것은 고의적인 사고였다. 오른쪽에는 웅덩이 대신에 벽이 있었다. 나는 어떻게 우회할 것인가 궁리하며 고삐를 꽉 잡고 있었다. 말은 비스듬히 벽까지 가더니 갑자기 둔탁한 음을 내며 멈췄다. 나는 말의 눈앞에 손을 갖다 댔다. 눈꺼풀이 전혀 움직이지 않았다. 말은 걸어가다가 1분 후에 또다시 벽에 살짝 부딪혔다. 완전히 눈이 먼 말이었던 것이다.

나는 오후에 인력거를 타고 외출했다. 전에 채용했던 — 도저히 말이 통하지 않는 — 통역은 해고하고 새로운 통역을 고용했다. 그의 이름은 야마다로, 존스의 통역이었는데, 존스가 자기를 '보이'라고 부른다며 사표를 낸 것이었다. 나는 그를 항상 '야마다 씨'라고 부르기로 약속했으므로 그는 매우 만족해하는 것 같았으며 월급은 2개월치를 선불로 주기로 했다.

"맥로드와 나는 월요일에 떠날 것이네. 자네도 준비가 되겠는가?" 존스가 물었다. 그날은 일요일이었으며 게다가 일본과 중국과 조선의 설날이었다. 설날에는 모든 상인과 직공이 일을 그만두고 명절을 지내는 관습이 있는데, 그 기간은 적어도 엿새였고 그들에게 돈이 남아 있다면 그보다 더 오래였다.

"도저히 불가능할 것 같네. 자네들과는 평양에서 만나세." 내가 대답했다.

"자네도 알다시피 우리는 준비가 다 되어 있네. 그렇지 않았다면 여기서 자네를 기다려도 상관이 없었을 텐데." 존스가 말했다.

나는 맥로드를 쳐다보았다. 그도 준비가 다 되어 있다고 했다. 준비가 안 된 사람은 나밖에 없었다. 나는 예방주사를 맞으러 갔다. 주사만 맞은 것이 아니라 그 의사에게서 말도 샀다. 러시아 영사가 갖고 있던 말 중 한 마리인데, 그가 급히 떠나면서 두고 간 것이라고 했다. 호주에서 수입한 멋진 말로 몸집이 중국산보다 몇 배나 큰 데도 그에 비해 가격이 엄청나게 쌌다. 내가 눈먼 말을 위해 샀던 안장의 가죽끈이 그 말에게는 반밖에 오지 않았다. 매우 흡족한 기분으로 호텔에 돌아왔더니 짐 끄는 조선산 조랑말을 세 마리 사놓았다는 것이다. 이번에는 최소한 눈먼 말이 아니라는 걸 확인하고 나서 계약을 했다. 게다가 준비가 끝났다던 맥로드와 존스가 화요일이 지나야 떠날 수 있다는 사실을 알았다. 그래서 나는 나의 통역 야마다, 아니 야마다 씨가 탈 말을 사러 나갔다.

나는 이제 말 다섯 마리의 주인이 되었으므로 그것들을 관리할 마부 두 명을 고용했다. 그때부터 나는 서두르기 시작했는데, 보이 중의 진주인 만영이는 나의 구세주였다. 그는 노새처럼 일했으며 다른 하인들에게도 일을 시켰다. 살 것이 너무나 많았다. 말하자면 안장이라든가 고삐, 담요, 마구, 배낭, 노끈, 여분의 편자, 대장간의 기구들, 수레, 말의 뱃대끈, 통조림, 가죽 장화, 방한용 벙어리장갑, 모자, 장갑, 옷, 밀가루, 취사도구, 신발, 양초, 그 외에도 우리가 만주까지 가는 동안 필요한 용품은 셀 수 없이 많았다. 그런데 그날은 설날이었다!

화요일에도 맥로드와 존스는 떠날 준비를 마치지 못했다. 수요일에는 너무나 많은 내 통조림들을 존스에게 조금 나눠주었고, 맥로드는 준비가 끝나지 않아 도저히 목요일 전에는 떠날 수 없었다. 그리하여 내 말들이 만주로 떠나는 첫 번째 주자가 되었다. 그리고 그날 저녁, 50리*를 간 후에도 존스는 보이도 마부도 없이, 아무것도 없는 채로 나와 함께 식사를 하는 처량한 신세였다.

---

* 리: 옛 중국의 거리 측정 단위. 1리에 약 196.36미터이다.

나는 가장 훌륭한 조랑말들을 소유한 행복한 주인이었다. 그 조랑말들은 뉴펀들랜드산 개보다 조금 더 크고 조선산이었다. 그 말들은 어찌나 작은지 내가 안고 산보를 할 수도 있을 것 같았다. 첫날 나는 그 조랑말들이 짐을 너무나 많이 싣고 있다고 생각했다. 그 조그만 몸집에 짐이 산처럼 쌓여 있는데도 조랑말들은 용감하게 하루 종일 걷고 또 걸었다. 걷고 있는 조랑말들은 발과 꼬랑지밖에 보이지 않았다.

"안 되겠어, 너무 잔인해. 만영이, 이 조랑말에는 짐을 조금만 싣고 (너도 보다시피 이 말이 제일 작잖아) 네가 타고 가렴." 내가 말했다. 보이를 말에 태우는 것은 지혜로운 관습이다. 그렇게 해야만 하루 여행이 끝난 후에 보이가 기민하게 캠프를 치고 음식을 만들 수 있다.

다음 날, 만영이는 조랑말을 타고 갔다. 그의 몸무게는 55킬로그램이었고 조랑말에 실린 짐이 60킬로그램이었으며 안장이 적어도 10킬로그램 이상은 나갔으므로 다 합하면 125킬로그램이었다. 조랑말의 몸무게는 160킬로그램 정도밖에 안 되었지만 그 조랑말은 하루 종일 다른 말들과 똑같이 걸었다. 다른 말들이 조금 빨리 달리기 시작하면 그 녀석도 따라서 힝힝 소리를 내며 달리기 시작했다. 만영이는 그 조랑말을 제어하지 못했다.

그가 조선말로 야단을 치며 고삐를 있는 힘껏 잡아당겨도 그 조랑말은 항상 같은 간격으로 우리를 따라 걷고 뛰었다.

존스와 나는 그 조랑말이 숙소가 마련되기 전에 죽을 것이라고 생각했다. 그러나 그 조랑말이 풀을 더 많이 먹으려고 자기보다 몸집이 큰 말을 물고 발길질하며 뒷발로 일어나는 것을 보고는 생각이 바뀌었다. 그 조랑말은 잘 때도 가장 좋은 장소에서 가장 넓은 공간을 차지하고 누워 있었다. 존스는 내게서 그 조랑말을 사고 싶어 했다. 나는 만약 내가 타고 있는 말에 사고가 난다면 다른 말을 타야 하는데 그 조랑말을 타야 하지 않겠느냐고 존스에게 물었다. 존스는 내 발이 땅에 끌릴 것이라며 반대했다. 나는 반신반의했다. 다음 날 직접 타보아야겠다고 생각했다. 발을 조금 들면 탈 수 있지 않을까?

러시아군이 일본군에 접근하다

1904년 3월 2일

러시아군은 맹위를 떨치며 압록강을 건너 남으로 내려왔다. 그들의 정찰대는 본대와 떨어진 채로 미리 내려와 조선의 이북에서 명성을 날리고 있었다.

러시아군 300명이 의주에서 70킬로미터 떨어진 안주를 점령했다. 중국과 일본은 조선에서 처음으로 대규모 전투를 벌였고, 전투에서 승리한 일본은 평양에서 약 40킬로미터 떨어져 있는 의주항을 열었다. 지금까지 일본군은 안주에 주둔한 대담한 러시아군 정찰대를 내쫓으려고 하지 않았다. 일본군은 안주와 평양 간의 지형이 매우 험해 그곳에서 전투를 벌이기는 힘들 것으로 보았다. 그러나 이제는 일본군이 의주에 병력을 배치하고 있으므로 곧 충돌이 예상되었다. 러시아의 정찰대와 주력 부대와 어느 정도나 떨어져 있는지는 알 수 없지만, 침략자들의 숫자가 매우 많다는 것은 피난을 내려오는 조선인에 의해서 알 수 있었다.

조선인들은 러시아 침략군을 영원한 적으로 생각하면서도 러시아의 진출을 막으려는 노력은 전혀 하지 않았다. 결과적으로 그들은 겁을 잔뜩 먹고 도망치고 있었으며 이는 드 퀸시(Thomas De Quincey)가 쓴 『타타르족의 반란(Revolt of the Tatars)』에서 나오는 끔찍한 장면을 연상시켰다. 평양 주민들은 공포에 떨고 있었다. 조선인들은 평양이 다시 전쟁터가 될 것이라는 것을 깨달았다. 주민 중 1만여 명은 이미 평양을 떠났고 다른 사람들도 계속 피난을 떠나고 있었다. 압록강 근처에서 내려오는 피난민 수만 명은 공포에 질려 있었다. 그들이 러시아군에게 느끼는 두려움은 맹목적이었다.

그러나 러시아군에 대한 공포를 제외하면 이북에 사는 조선인들에게 외국인에 대한 근본적인 미움은 없었다. 주민들 사이에 러시아군의 잔학성에 대한 소문이 금방 퍼지면서 대다수 사람들은 미친 듯이 피난길에 올랐다. 그러나 조선인들은 일본군을 두려워하는 것 같지 않았고 오히려 그들의 보호를 받으려 하는 것 같았다. 또 한 번 러시아가 선수를 쳤다. 그들은 조선의 전화선을 끊어 의주와 운산, 평양에서 조선의 최북단으로 연락할 수 있는 길을 차단했다. 물론 러시아의 궁극적인 목적은 일본이 러시아의 침략에 관한 정보를 얻지 못하도록 하는 데 있었다.

며칠 내로 양국 정찰대 간의 격렬한 전투가 벌어질 것은 거의 틀림없는 사실이었다. 그러나 유혈 전투가 벌어질 경우 중국 북부 전역의 상황은 매우 복잡해질 것이었다. 일본은 그들의 승리를 대대적으로 선전했을 뿐만 아니라 중국인들에게 러시아군에 저항해서 그들을 쳐부수도록 호소하는 벽보를 내걸어 군과 민중을 자극했다. 이들 벽보는 특별히 타타르족이 사는 연시개 마을에 많이 붙어 있었다.

러시아인들은 중국군이 진출할 것을 두려워했다. 왜냐하면 그들이 시베리아를 잇는 철도를 차단할 수 있기 때문이었다. 1만 5,000명의 최정예 중국군이 북쪽 전선인 산하이관(山海關)에 집결해 있었다. 이들은 훈련이 잘 되어 있을 뿐 아니라 현대식 무기도 갖추고 있어 중국군의 꽃으로 꼽혔다.

이 무시무시한 군대에는 러시아의 교통로로 진출하기를 요구하는 불순종한 지휘관들이 많이 있었다. 그러나 중국의 황제는 반란이나 봉기를 일으키는 자는 무조건 사형시키라고 명령했다.

이런 모든 것으로 미루어 볼 때 중국의 중립은 오래가지 못할 것으로 보였다. 아주 사소한 사건으로도 쉽게 반란이 일어날 수 있었고, 만약 반란이 일어난다면 러시아는 후방을 강타당할 위험이 있었다.

베이징(北京)과 톈진(天津)에 사는 외국인들은 만약에 전쟁을 지지하는 선봉자들이 반란에서 승리한다면 국적에 관계없이 대량 학살이 일어날 것이라고 말했다. 다시 한 번 이런 구호가 들릴 것이다. "이 망할 외국인 놈들을 다 죽여라!"

그리하여 모든 나라는 최악의 사태에 대비하고 있었다. 톈진에는 미국과 유럽 군대의 군인 2,000명이 상주하고 있었는데 그중 1,500명 이상이 베이징 주재 공사관들을 경호하고 있었다. 그러나 전국적인 봉기가 일어날 경우에 그들의 목숨은 풍전등화의 신세였다.

중국 당국은 중립을 지키기로 결정했지만 어느 시점에 가면 군부와 민중을 통제하기가 대단히 힘들 것이라고 에드윈 콩거(Edwin Conger) 대사*가 내게 말해주었다. 그에 따르면, 아주 사소한 자극에도 여러 가지 문제가 발생할 수 있었다.

---

* 에드윈 콩거(1843~1901)는 1898년에 중국 주재 대사로 임명되었다.

조선에 온 일본 군대의 근황

1904년 3월 4일, 서울

 조선인들에게 일본의 점령은 이루 말할 수 없는 기쁨의 원천이었다. 전쟁이 발발하고 나서부터 물가가 하루하루 오르기 시작했다. 인부와 마부 그리고 상인 들은 물가를 올려 폭리를 취해 돈을 긁어모았다. 지배계급(관료계급)들이 후에 그들에게서 **뺏어갈** 것이지만 말이다. 그즈음 관료들과 양반들은 나랏일이 걱정스러웠지만 겁도 났다. 게다가 불쌍한 고종 황제는 앞으로 어떻게 해야 할지 속수무책이었다. 황제는 피신을 해야 할지 그대로 남아 있어야 할지 모르는 가운데 일본이 원하는 모든 것을 해주라고 지엄하게 공포했다. 예를 들면, 일본군들이 잘 자리를 마련

할 수 있도록 자기네 군인들을 병사에서 쫓아내는 일 같은 것이었다.

제물포에는 모든 것이 붐비고 있었다. 모든 사람이 들썩거리고 있는데도 질서가 있었다. 혼잡하지 않았고 지체되는 일도 없었고 길이 막히는 일도 없었다. 날마다 일본에서 수송선이 도착했다. 외항에 닻이 내려지면 사람과 말과 포병 들이 뭍으로 내려오고 거기서 43킬로미터 떨어진 서울로 가는 기차를 탔다. 이들이 도착지까지 동력에 몸을 맡기고 앉아서 갈 수 있는 수단으로는 기차가 마지막인 셈이었다.

그들의 행군은 서울에서부터 시작되었다. 북쪽으로 300킬로미터 떨어진 평양까지 간 후에 더 북쪽으로, 눈으로 뒤덮인 산들 사이로 난 좁은 길로, 러시아 군대가 주둔하고 있는 압록강 주변의 의주로 가는 것이었다.

나는 일본 군대보다 더 질서 정연하고 조용한 군대는 본 적이 없는 것 같다. 아마 미군 병사들 같았으면 벌써 오래전부터 장난치고 소란을 피웠을 텐데 일본군들은 전혀 소란한 기색 없이 무섭게 진지했다.

민간인들은 아무도 일본 군대를 무서워하는 것 같지 않았다. 그들은 여자들을 건드리지 않았고 돈도 빼앗지 않았으며 물건도

약탈하는 법이 없었다. 일본은 1894년에 얻은 명성, 즉 그들이 가져가는 모든 것을 돈으로 보상해준다는 원칙을 지금도 증명해 보이고 있는 중이었다.

"만약에 러시아군 같았으면……" 하고 조선인들은 말했으며 그곳에 주재하고 있는 유럽인들과 미국인들은 불안한 기색으로 머리를 흔들었다. 나는 술 취한 일본 병사를 단 한 번도 본 적이 없었다. 단 한 명의 병사도 무례하거나 소란스럽지 않았고, 그들은 오로지 병사, 그 자체일 뿐이었다.

헨리 알렌 장군은 다음과 같이 말했었다. "일본군 보병은 지구상 어디에 내놔도 손색이 없다. 그들은 어디를 가든 명성을 얻을 것이다." 그들은 19킬로그램이나 나가는 장비를 지고서 힘든 기색 없이 행군했다. 그 무거운 짐을 지고서도 지친 기색 없이 짐을 질질 끌지 않고 전혀 흐트러지지 않은 모습으로 행군했다. 병사들이 허리띠나 군화 끈을 고쳐 매는 모습도 볼 수 없었고, 쇠로 된 나침반이 짤랑거리거나 장비들이 서로 부딪치는 소리가 나는 일도 없었다. 그들은 한 사람처럼 움직이는 집단이었다. 그 모든 것의 근본은 사람이었다. 그들은 능률 있게 일했으며, 특히 주목할 것은 한 목표 아래 모두 같이 움직이는 것이었다.

일본인들은 호전적인 민족이었으며 그들 보병은 보병의 장점이란 장점은 모두 갖추고 있었다. 그렇지만 일본인들이 타고난 기마족이라고 말할 수는 없었다. 그들 기병은 서양인들의 눈에는 우습게 보였다. 말이 조그맣지만 힘이 센 것은 사실이었다. 그렇지만 서양 말과는 비교도 되지 않았다. 도대체 일본인들이 말을 다룰 줄이나 아는 것인지 의아스러웠다. 그들이 한 손으로 말고삐를 꽉 잡고 가는 모습을 흔히 볼 수 있었는데 그들의 앉음새도 대부분 좋지 않았다.

일본군 말의 대부분은 거세를 하지 않았다. 말들은 서로 싸우는 적이 많았는데, 그들은 그 짐승들을 진정시킬 줄 몰랐다. 한번은 서울호텔 앞에서 종마들끼리 대단한 싸움이 붙어서 그 누구라도, 그가 미국의 헨리 알렌 장군이라도 싸움을 말려야 할 판이었다. 그곳에 있던 일본 기병들은 어떻게 해야 할지도 모르는 채 말들이 서로 치열하게 싸우는 것을 무작정 말리고 있었다.

과장 없이 칭찬할 수 있는 것은 보병뿐이었다. 그렇지만 말을 탔건 안 탔건 간에 기병들도 병사였다. 더군다나 누가 뭐라든 그들이 러시아 군대의 커다란 말에 올라탈지도 모르는 일이 아닌가?

진흙투성이의 국도 5

1904년 3월 5일, 평양

  역사를 참조하면 서울에서 베이징까지의 길은 왕도(王道)이다. 북으로 압록강까지 반도를 따라 올라가다가 서쪽으로 돌아서 황해를 끼고 가면 베이징에 도달한다. 이 길로 중국 황제의 수많은 사신들이 금과 은 장식이 달린 휘황찬란한 옷을 차려입고 아시아 국가들의 관행에 따라 조공을 받으러 지나다녔던 것이다.

  서양인이 볼 때 이 길은 도로라고 하기에도 우스꽝스러울 정도로 웅덩이의 연속에 불과하지만, 이 길이 정말 왕도라고 한다. 비가 조금만 와도 이 길은 진흙으로 가득 찬 강으로 변한다. 다리를 건널 때는 매우 조심해야 하는데, 믿기지 않겠지만 발목이 부러지는 경우가 다반사이기 때문이다. 이 길은 진흙으로 되어 있는데, 조선인 인부는 이 속에 진흙을 조금 더 부어넣음으로써 길을 보수한다. 내가 일부러 '이 속에'라고 말한 것은 길이 옆에 있는 논보다 더 낮은 위치에 있기 때문이다.

일본인들은 빠른 속도로, 그리고 집요하게 군대와 군수품들을 이 늪 속으로 수송하고 있었다. 내가 앞질렀던 보병 대열은 하루에 약 40킬로미터를 걷고 있다. 제물포항의 얼음이 녹으면 일본군들이 상륙할 수 있을 것이고, 대동강이 녹으면 증기선으로 군대를 평양까지 수송할 수 있을 것이다.

서울에서 만주를 향해 말을 타고 떠날 때 나도 군인이 된 것 같은 느낌이었다. 장비를 실은 조랑말(이 말들은 뉴펀들랜드산 개보다 조금 더 크다) 세 마리는 'Mapu'에게 맡겼는데, 이는 말을 돌보는 하인을 뜻한다. 조선말로는 '마부'라고 한다. 짐을 덜 실은 조랑말 등 위에 놓인 작은 봇짐 옆에는 만영이가 매달려 있는데, 그는 조선인으로 내가 전적으로 믿을 수 있는 요리사이고 통역이며 재무 담당자다. 중국산 조랑말에는 내 일본인 통역 야마다 씨가 타고 있고 나는 서울 주재 러시아 영사의 말을 타고 있는데, 러시아 영사는 급히 출발하느라 이 말을 내게 판 것이었다.

존스가 중국산 조랑말을 탄 그의 통역과 짐 끄는 말들과 함께 우리 뒤를 따라왔고, 맥로드 일행은 그의 일본인·조선인 통역과 함께 우리를 앞지르려 하고 있었다. 우리 일행을 전부 합치면 말의 숫자만 열일곱 마리이니 길을 가는 동안 숙식 문제가 골칫거리가 아닐 수 없었다. 무엇보다도 먼저 외양간을 찾아야 했다. 왜냐하면 눈이 덮여 들에서 풀을 먹일 수가 없었고 그렇다고 말의 사료를 운반해올 수도 없는 데다가 조선산 조랑말은 삶은 콩과 뜨거운 국물밖에는 먹지 않았기 때문이다. 그렇게 사육되었으니 도리가 없는 일이었다. 또한 조선인들은 말에게 물을 절대로 주지 않았는데 그것은 뜨거운 국물로 충분했기 때문이다.

 길은 기병대와 보병대, 수송대로 들어차 장사진을 치고 있었다. 짐을 실은 말들과 황소들이 끄는 거대한 짐수레들은 한 걸음씩 앞으로 나아가고 있었고, 헐렁한 흰옷에 쌀가마를 진 짐꾼들은 긴 행렬을 이루어 진창 속을 간신히 걸어가고 있었다. 각 짐꾼들의 왼쪽 뺨에는 붉은 점이나 보라색 점이 칠해져 있었는데, 그것은 그들이 일본군에 소속되어 있다는 표시였다.

 이 행렬 중에서 가장 흥미로운 것은 색깔이라고 할 수 있는데, 짐꾼들이 조선 풍습에 따라 입은 옷은 엉뚱하게도 흰색이었다. 마치 커다란 눈덩이들이 시커먼 강 위를 떠다니는 것 같았다. 조선인들은 이미 그들을 점령해 지금은 주인의 눈으로 그들을 바라보는 그들의 상전인 '왜놈'들의 몸집을 훨씬 능가하는 근육이 발달한 건장한 민족이다. 그러나 조선인들에게는 기개가 없다. 일본인을 훌륭한 군인으로 만들어주는 그러한 맹렬함이 조선인에게는 없다.

조선인의 용모는 섬세하다. 그러나 중요한 것이 빠져 있는데, 그것은 힘이다. 더 씩씩한 인종과 비교해보면 조선인은 매가리가 없고 여성스럽다. 예전에는 용맹을 떨쳤지만 수세기에 걸친 집권층의 부패로 점차 용맹성을 잃어버리게 된 것이다. 실제로 조선인은 의지와 진취성이 절대적으로 부족한 지구상의 모든 민족 중에서 가장 비능률적인 민족이다. 하지만 딱 한 가지 뛰어난 점이 있는데 그것은 짐을 지는 능력이다. 그들은 짐 끄는 동물처럼 완벽하게 일을 해낸다. 그렇다 하더라도 나는 우리 민족이 이들을 능가할 것이라고 장담할 수 있다. 왜냐하면 우리 민족은 짐을 진 채로도 일하고 걷기 때문이다. 여기서는 가래질을 한 번 하려면 인부 세 명이 필요하다. 서울에서는 일 년 중 언제든지 다음과 같은 광경을 볼 수가 있다. 인부 한 명이 가래의 손잡이를 위에서 잡고 있고 다른 두 명 – 세 명일 때도 있다 – 은 줄을 잡아당김으로써 추진력을 공급하는 것이다.

나의 두 마부는 평균 수준보다 나아 보이는데도 조랑말에 짐을 싣는 데 한 시간이나 걸릴 뿐만 아니라 하루의 나머지 시간은 실은 짐들이 떨어지지 않도록 하느라 다 보냈다. 그들은 그 어떠한 사소한 일이라도 30분 정도 잡담을 나누고 나서야 시작하는데, 만약에 그들끼리만 놔둔다면 예비 회담을 하느라 하루를 다 소비할 것이다. 이 잡담을 중지시키는 방법은 '서둘러!'라는 뜻의 "어서!"라는 말을 목청껏 소리 지르거나 상투를 잡아당기거나 머리를 후려치는 시늉을 하는 것이다.

조선인은 겁이 무척이나 많다. 행동하는 것에 대한 두려움이 게으름을 낳았다고 볼 수 있다. 한 사회의 언어에서 어떤 단어의 존재는 그 단어에 대한 필요와 상응하는 법이다. 속도를 내야 된다는 필요성에 따라 조선말에는 적어도 스무 개의 단어가 만들어졌는데, 그것들 중 몇 개를 인용한다면 '바삐', '얼른', '속히', '얼핏', '급히', '냉큼', '빨리', '어서' 등이다. 조지프 러디어드 키플링(Joseph Rudyard Kipling)이 동양에서는 서둘러 일할 필요가 없다고 했지만, 서양인이 가장 먼저 배우는 단어들은 바로 이런 뜻이 포함된 것들이다.

만주로 가는 길에서 본 다음의 일화가 동양인과 서양인의 행동 방식의 차이를 잘 보여준다. 등장인물은 세 명으로 마부, 백인, 뒷발질하고 있는 중국산 말이었다. 마부는 일평생 말만 돌보아왔으며 나이는 서른 살 정도였다. 그는 오직 말만을 생각할 뿐 다른 것은 하나도 모르며 그 자신이 반쯤은 말이라고 해도 과언이 아니다. 백인은 말에 대해서 안 지 고작 열흘 정도밖에 안 되었으며 그나마 그 열흘도 말에게 전념하기보다는 마부에 대해 아느라 시간을 다 보냈다. 말은 내내 뒷발질을 하고 물어뜯고 소리내어 울었다.

　백인은 말굽의 상태를 알아보려고 했다. 이것은 마부가 해야 할 일이었다. 그러나 백인은 마부가 자신이 해야 할 일에 대해 아무것도 모른다는 것을 이미 들어서 알고 있었다. 그래서 그는 마부에게 말의 발을 살피라고 명령을 내렸다. 마부는 말의 발과 말굽의 상태가 좋다고 대답했다. 백인은 통역을 통해 세 번이나 명령을 내렸다. 네 번째로 통역은 채찍으로 위협하는 시늉을 하며 백인의 명령을 보강했다. 그러자 마부는 조심스럽게 말의 한쪽 앞발을 들어서 보고 이어서 다른 쪽도 살폈다.

　마부는 뒷발 상태가 좋다고 다시 우겼다. 백인은 채찍을 휘두르는 몸짓을 해가면서 몇 번이나 명령을 내린 후에야 그가 말의 뒷발을 살펴보게 할 수 있었다. 그는 말 뒤로 4미터 정도 떨어진 땅에 쭈그리고 앉아서 한 1분 정도 찬찬히 살펴보더니 모든 것이다 정상이라고 대답하는 것이었다. 하지만 백인은 말의 발목이 진흙 속에 파묻혀 있었기 때문에 그의 보고를 의심했다.

마부는 좀 더 강압적인 명령에 못 이겨 마치 죽으러 가는 사람처럼 무시무시한 말 뒷발 가까이에 다가갔다. 그는 말의 환심을 사려고 떨리는 손으로 말의 머리부터 쓰다듬어나갔다. 그러나 그가 어찌나 떨었던지 말도 도대체 무슨 끔찍한 일이 일어나는 것은 아닌가 하며 신경을 곤두세웠다. 약 3분 후에 마부는 말 뒷발에 이르렀고 말 역시 사람만큼이나 두려움에 떨고 있었다.

결국 말은 뒷발질을 했고 마부는 자신의 목숨을 구하려고 펄쩍 뛰어 뒤로 물러났다. 군중이 모여들어 마부를 조롱하기 시작하자 그는 수치스럽기는 했지만 별다른 도리가 없었다. 군중의 대부분이 마부였으므로 백인은 누구든지 와서 말의 그 무시무시한 뒷발을 들어 살펴보라고 청했다. 그러자 모여 있던 다른 마부들은 몹시 두려워하며 뒤로 물러섰다.

그러자 백인이 할 수 없이 나섰다. 그는 말에 대해서 아는 것은 이 전혀 없었지만 단 한 가지 유리한 점이 있었는데, 그것은 그가 조선인이 아니라는 것이었다. 그는 다가가서 말을 두어 번 힘차게 쓰다듬고 팔을 뻗어 발을 움켜잡았다. 그는 그 즉시 말의 뒷발질에 채여 뒤로 나동그라졌다. 그 당시 백인은 마부만큼이나 무서움에 떨었다. 그러나 그는 백인이었다. 그는 곧바로 말의 뒷발로 다가갔다. 말이 다시 뒷발질을 했으나 백인은 버텼다. 얼마 후에 말이 기진맥진해 결국 백인은 말의 발을 들어올릴 수 있었다. 말은 나머지 한 발로 자신을 지탱하는 대신 백인의 구부린 등에 발을 대고 자기 몸을 지탱했다. 그러나 백인은 물러서기는커녕 발을 놓지 않았다. 그는 말의 발에 아무 이상이 없다는 것을 확인하고 나서야 자신의 거대한 몸을 일으켰다. 이렇게 하고 나서야 마부를 설득해서 말의 다른 쪽 발을 들어올리게 만들 수가 있었다. 말은 이제 뒷발질을 하려고도 하지 않았다. 다른 쪽 발을 보니 편자가 깨져 있었다. 그것은 절반이나 떨어져 나간 상태였다!

나는 조선인이 얼마나 비능률적이며 무능력한지를 구체적으로 보여주기 위해 평범하기 이를 데 없는 이 사건의 전말을 이야기한 것이다. 마부에게 일어난 일은 조선의 모든 경우와 모든 사람에게 적용된다. 그들은 어떻게 하는지도 모르고 배우려고도 하지 않으며 관심도 없다. 그 말을 그대로 두었다면 언젠가는 그 부서진 편자 때문에 다리 병신이 되었을 것이다. 수세기 동안 조선인들과 조선 정부는 다리를 절어왔으며 우수한 마부가 발을 들어 편자를 고칠 때까지 그렇게 계속해서 다리를 절고 다닐 것이다.

아시아인은 인정이 없다. 짐승의 고통은 그들에게 아무 의미가 없다. 다시 마부에게로 돌아가자. 왜냐하면 만주로 가는 길에서는 마부가 중요한 주제이기 때문이다. 만주로 가는 여행객이 있으면 말이 먹이를 먹을 때 한시도 눈을 떼어서는 안 된다고 미리 알려주는 것이 좋다. 먹이를 가져오라고 시켜서 말의 코앞에 놓는 것을 보았다 하더라도 단 1분만 마구간을 떠났다가 돌아오면 먹이는 사라지고 없을 것이다. 마부가 훔쳐 간 것이다. 그대로 놔두면 마부는 말이 서 있을 수도 없을 때까지 계속해서 음식물을 훔쳐 갈 것이다. 그러고는 주인인 백인에게 이렇게 보고할 것이다. "말이 아픕니다." 병의 원인을 알아내려고 애써 봤자 아시아인의 수다만 듣고 말 텐데, 그것은 조선인에 대해 무지한 결과이다.

조선인들은 송아지만 한 조랑말에 편자를 박는답시고 그 말을 땅에 내던지기까지 한다. 그러다가 말의 허리를 부러뜨리는 경우도 있다. 그렇지만 그게 뭐 대수로운 일이랴? 조선인들은 정말 유감이라고 말할 뿐이다. 한마디로 말해서 백인 여행자가 조선에 체류할 때 겪는 일들은 조선에 도착한 처음 몇 주 동안 기분 좋은 것과는 영 거리가 멀다. 만약 그가 예민한 사람이라면 두 가지 강한 욕구 사이에서 씨름하며 대부분의 시간을 보낼 것이다. 하나는 조선인들을 죽이고 싶은 욕구이고 또 하나는 자살하고 싶은 욕구이다. 개인적으로 나라면 첫 번째를 선택했을 것이다. 지금은 면역이 되어서 여행을 계속하기에 충분한 이성이 생겼다.

일본인이 아무리 동양의 영국인이라고 해도 아무 소용이 없는 것이, 그들 역시 결국은 아시아인인 것이다. 짐승의 고통은 그들에게 아무런 감정을 불러일으키지 않는다. 한 가지 예를 들려주겠는데, 우리나라는 물론이고 서양의 어느 나라 기병대에서도 일어나지 않는 일이다.

날씨가 몹시 추웠다. 매서운 북풍이 불었고 진흙이 튀어 이리저리 떨어지는 대로 얼어붙었다. 존스와 나는 기병대를 따라잡은 다음 그들을 앞지르려 했다. 이상하게 흥분해 날뛰는 말 한 마리가 눈에 띄었다.

10킬로그램은 되어 보이는 진흙 덩어리가 얼어붙은 채 말꼬리 끝에 매달려 흔들거리고 있었다. 만약에 말꼬리를 묶어주었더라면 이런 일이 벌어지지 않았을 것이다. 그런데 10킬로그램의 얼어붙은 진흙 덩어리가 말이 걸을 때마다 흔들거려서 다리 안쪽 뼈를 때리고 있었다. 말은 다리를 될 수 있는 대로 높이 들어서 자기 몸을 후려치는 장애물을 뛰어넘으려고 했다. 말은 끔찍한 공포 속에서 자신의 꼬리 위를 뛰어넘어가고 있었다.

우리는 일본인에게 말꼬리를 묶어주거나 잘라주라고 말했다. 그리고 날이 길고 아주 잘 드는 칼을 건넸다. 그러나 그는 우리의 제의를 무시하며 동정 어린 미소를 보냈다. 아마도 지독한 바보짓이라고 생각했을 것이다. 그는 한 걸음 걸을 때마다 얼어붙은 커다란 진흙 덩어리가 다리를 때려서 그 진흙 덩어리를 넘어가려고 뛰는 – 아무 소용없지만 – 말을 타고 길을 계속해서 갔다.

그는 일개 병사였을까? 물론 그가 병사였다고 해도 문제가 없는 것은 아니다. 그가 병사에 불과했다면 그것을 본 장교는 도대체 무엇을 했단 말인가?

6장 일본군은 왜 서양인들에게 아부하는가

1904년 3월 5일, 평양

일본군은 전 세계인들로부터 칭찬을 받고 싶어 하는 것 같다. 조선에 주둔해 있는 그 어떤 유럽인이나 미국인들과도 마찰을 일으키는 법이 없다. 심지어 그들은 미국이나 유럽 군대에 대해 호의적으로 말하기도 한다.

서울에 살고 있는 독일인이며 군대 경험이 있는 원치 박사는 조선인들이 원시시대부터 '왜놈'이나 '난쟁이'라고 불러온 그들을 지나치게 칭찬한다. 원치 박사는 특히 일본군 장교들이 소리 없이 명령을 내리는 것에 감탄한다. 그가 강조한 것처럼 그들은 정말 거의 소리를 내지 않는다. 일본군 병사는 아무 명령도 받지 않고 훈련을 한다. 서양의 병사에게 습관화된 고함이 이곳에서는 들리지 않는다.

미군이나 영국군 장교들은 병사들을 운용하는 데 명성이 높지만 장비와 장비의 관리에 대해서도 관심이 있다. 그들은 자기 휘하의 병사들이 일본군 병사들만큼 조용하지도 규율을 지키지도 않을 것이라는 것을 안다.

일본군의 모든 군수 장비와 수송 체계, 식량보급 체계에 대해서 자세하게 설명하면 다음과 같다.

우선 식량과 군수 장비 그리고 그 외에 군대에 필요한 모든 것이 각각의 병사가 나누어 쉽게 수송할 수 있도록 포장되어 있으며 필요하면 등에 질 수 있도록 되어 있다. 즉, 군대에는 운송 차량이 따로 없다. 짐 끄는 말과 짐꾼들도 수송을 하며 소가 끄는 수레도 많이 사용되고 있다. 그러나 그것이 꼭 필요한 것은 아니다.

기본 식량인 쌀은 25킬로그램짜리 주머니에 들어 있다. 짐꾼 한 사람이 이 주머니 한 개를 지고 아주 험난한 길이라도 하루 종일 걸을 수 있다. 조선산 조랑말에는 주머니 두 개를 싣고 일본산 말에는 세 개나 네 개를 싣는다. 고기는 반 파운드씩 통조림으로 보관되어 있는데, 한 상자에 80개가 들어 있다. 말 한 마리가 1개 중대용의 식량인 서너 상자의 고기를 싣고 간다. 말 네 마리로 1

개 대대의 고기 식량을 수송할 수 있다.

가마솥은 시골에서 사용하는 커다란 솥이다. 이 솥은 높이가 69센티미터이고 폭이 76센티미터이다. 불을 지피고 나서 이 무쇠솥을 얹고 그 안에 물을 붓고 구멍이 뚫린 또 다른 솥을 넣어 밥을 짓는데, 이렇게 하면 밥이 타지 않는다. 한 개의 가마솥으로 100명을 먹일 수 있으니까 8개나 9개의 솥이면 1개 대대가 먹을 수 있다.

병사의 군장품 속에는 황산소다 통이 들어 있다. 사실 조선같이 위생 관념이 형편없는 나라에서 한 방울의 식수라도 구할 수 있는지 의심스러울 만한데, 작은 헝겊 주머니에 들어 있는 황산소다를 끓는 물에 넣으면 불순물이 제거된다. 이렇게 함으로써 '왜놈'은 더러운 물에 의해 감염되는 전염병으로 죽기보다 전쟁터에서 러시아인과 싸우다 죽을 확률이 높아진다. 물론 일본인은 병사가 열병으로 죽는 것보다 총알에 맞아 죽는 것이 더 당연하다고 생각한다.

부피도 적고 무게도 조금 나가는 작은 헝겊 주머니들이 있는데 그 속에는 비상식량이 들어 있다. 그것은 어찌나 햇볕에 잘 말렸는지 마치 바늘 끝처럼 뾰족하다. 병사들은 각자의 배낭에 비상식량 여섯 개를 갖고 다닌다. 비상시에 며칠은 견딜 수 있는 식량이다. 일본인에게 밥은 서양인의 빵이며 버터이고 고기에 해당하는 것이다.

병사의 장비는 가볍고도 완벽하다. 소총 탄알 120개가 이 장비 속에 포함되어 있으며 총의 무게는 19킬로그램이다. 그것에 비해 미군의 장비는 총 25킬로그램이다. 헨리 알렌 장군의 말에 의하면 일본 보병의 장비는 세계 어느 나라보다 잘 구비되어 있다고 한다.

도시락 통은 독일군의 것을 모델로 만들었는데 표면이 검은 알루미늄으로 되어 있다. 이 도시락에는 두 끼분의 밥이 들어가는데, 아침에 밥을 지어 넣어 병사의 하루 식사로 쓴다. 같은 알루미늄 물통에는 물이 반 리터가 조금 더 들어간다.

장비를 수송하는 데는 두 가지 방법이 있다. 하나는 유럽 방식으로 등에 메는 배낭 형식이고 또 하나는 - 이것이 아마도 더 좋은 방법일 것 같은데 - 미국식 '멜빵' 형식이다. 이것은 모든 장비를 침낭에 넣고 둘둘 말아 어깨에 얹은 다음 허리에 두르는 방법이다.

병사들은 두 번째 방법을 이용해서 길이가 길고 폭이 좁으며 옆으로 열리는 배낭을 메는데, 이 배낭은 폭이 15센티미터이고 길이는 1미터 30센티미터이며 푸른색의 두꺼운 천으로 되어 있다. 이것을 한쪽 어깨에 얹은 다음 허리에 두르는 것이다.

서울에서 해군의 오래된 전통을 기념하는 것처럼 보이는 흥미로운 사실을 관찰할 기회가 있었다. 100여 리터의 '사케(쌀로 만든 일본 전통 술)'가 매일 각 대대에 배급되었다. 그렇지만 나는 그 술이 서울에서만 보급된다는 것을 알게 되었다. 전쟁터에서라면 일본군 병사는 황산소다를 넣고 끓인 물에 만족해야 하는 것이다.

1개 대대의 병력은 800~900명 정도다. 각 대대마다 말 180마리를 보유한 병참대가 소속되어 있는데, 이는 군 장비와 며칠분의 식량을 수송하는 도구로 사용된다.

그 외에 대대 소속 병참차군이 있는데, 중요 부처에 따라 숫자상으로 약간의 차이는 있지만 짐꾼과 소와 말 그리고 수레와 짐을 운송할 수 있는 모든 것들이 여기에 소속되어 있다.

대대의 후방에는 전선에 식량과 무기를 보급하는 기지로서 보급을 지속적으로 유지하는 임무를 맡은 보급대가 있다. 이 부대가 임무를 얼마나 잘 수행하느냐에 군의 사활이 걸려 있다. 보급이 끊긴다면 전방에 있는 부대는 전쟁터를 내주고 후퇴해야만 한다. 모든 것이 전선에서 일어나는 일에 달려 있다. 그러나 전선에서 일어나는 일들은 보급대에 달려 있는 것이다.

일본군의 소총은 30구경보다 약간 못한 것이다. 탄약상자 한 통에는 탄알 1,440개가 들어가며 무게는 약 50킬로그램이다. 말한 마리가 이 탄약상자 두 통을 운반한다. 각 상자에는 운반용 체인이 들어 있는데, 이것은 편리하고 빠르게 짐을 싣고 내리는 데 이용한다.

180마리의 말들은 병사들이 사격할 때 탄약의 줄을 대주는데, 대대의 각 병사들에게 탄알 70개를 새로 공급할 수 있다.

이번에는 일본군에 대한 평판이 어떠한지를 알아보겠다. 그것은 아주 좋은 것은 아니었다. 조선인들, 즉 민중은 불평하기 시작했다. 그 불평은 이유가 있는 것이지만 그렇다고 그것이 일본의 잘못은 아니었다. 조선인들은 일본군 병사들이 돈을 내지 않고 식량을 가져가는 것을 불평했다.

사실은 이렇다. 군 당국은 일정량의 식량과 마초를 징집하고 적당한 가격을 매긴다. 그러나 그 가격은 조선인 관리들에 의해 조정된다. 그들의 돈을 빼돌리는 수완은 서양인들을 능가한다. 이것을 일컫는 말이 따로 있으며, '착취'라고 한다. 100여 년 동안 이것은 일종의 수완으로 자리 잡아왔다. 조선에는 착취하는 계급과 착취당하는 계급이라는 두 부류의 계급만이 존재한다.

일본군 당국이 조선에 병사들을 위한 식량을 요구하면 조선 관료는 각각의 가정에서 이를테면 쌀 두 되 정도를 받는다. 조선 백성은 쌀을 제공하고 일본군 병사는 먹고 일본 정부는 지불하고 조선 관료는 그 돈을 착복한다.

조선인은 또 다른 불만을 토로한다. 병사들이 닭과 달걀을 훔쳐 간다는 것이다. 가난한 조선 백성의 형편에서 그것은 매우 고통스러운 일이다. 그러나 다른 식으로 생각해보면 이 세상에 그렇게 행동하지 않는 병사들이 있는가? 전쟁이 존재해온 이후로 병사들은 닭장을 점령하고 닭과 달걀은 병사들의 공공연한 먹을거리처럼 간주되어오지 않았던가? 인간이 전쟁을 일으킬 만큼 비이성적인 한 병사들의 위장과 사고방식도 변함이 없을 것이다.

카자크군의 갑작스러운 진격과 후퇴

1904년 3월 5일, 평양

첫 지상전!

2월 28일 평양에서 일본과 러시아의 첫 조우가, 즉 지상군의 최초의 군사적 행동이 취해졌다.

압록강을 건너 의주로 들어온 러시아 카자크군의 정찰대 일진이 일본군을 정탐하고, 그들이 북으로 진격하는 것을 견제하기 위해 위험을 무릅쓰고 조선 남쪽으로 320킬로미터를 내려왔다.

안주에서 동쪽으로 80킬로미터 떨어진 광산 지역의 미국인 거류지로 가던 미국인 세 명이 베이징으로 가는 주 도로가 있는 안주에서 이 정찰대를 만났다. 그들은 한나절 동안 그 정찰대와 함께 길을 갔는데, 카자크 병사들이 훌륭한 사람들이며 러시아산의 좋은 말을 갖춘 완벽한 기병대라고 묘사했다.

이 미국인들은 카자크 병사들의 군기에 대한 좋은 예로 다음과 같은 이야기를 들려주었다. 미국인 중 한 명이 한 병사에게 말아 피우는 담배 한 개비를 주었다. 병사가 말안장에 앉아서 종이에 담배를 막 말려고 할 때 출발 명령이 떨어졌다. 병사는 그 즉시 담배와 종이를 버리고 명령에 따랐다.

카자크군은 어디에 가야 일본군을 만날 수 있는지 전혀 알 수가 없었다. 또한 어느 마을이건 일본군들이 매복하고 있을 가능성이 있었다. 마을이 가까워오면 그들은 말에서 내려 말을 앞장세우고 걸어 들어갔다.

그들은 군사도시인 평양, 1894년 중국인들이 피비린내 나는 전투 끝에 일본인들에게 참패를 당했던 바로 그 도시에 들어갈 때까지 일본군을 한 명도 만나지 못했다. 그 도시는 서기로 치면 기원전으로 몇 세기를 거슬러 올라가는 역사를 지녔다. 바로 그곳, 즉 평양의 성곽으로 이어지는 그 야릇한 골짜기에서 카자크군 20여 명이 일본군 기병대 다섯 명을 만났다. 당연히 추격이 시작되었다. 카자크군은 일본군에게 달려들었다가 성벽 쪽에서 엄호사격을 받은 후에야 추격을 포기했다.

일본군 12사단의 보병 제46연대 휘하 7중대가 지상전에서 최초의 총알을 발사하는 영광을 차지했다. 요시무라 중위의 지휘 하에 있던 중대원 네 명이 낡아빠진 성곽 위에서 그들에게 가까이 접근해 오는 카자크군을 본 것이었다. 오전 9시 30분에 그들은 사정거리 700미터에서 사격을 개시했다.

카자크군은 재빨리 말고삐를 돌려 사라졌다. 일본군이 30여 발의 총탄을 발사했으나 카자크군은 전혀 응사하지 않았다. 그들은 일본군을 견제하러 온 것이지 평양을 탈환할 생각은 없었던 것이다.

한 가지 주목할 것은 그렇게 가까운 거리에서 쏜 총알이 한 사람의 희생자도 내지 못했다는 점이다. 일본군은 이에 대해 아군의 기병을 다치게 하고 싶지 않았기 때문이라고 설명했다. 하지만 그들은 카자크 병사가 타고 있던 말 두 마리를 명중시켰으며 그 결과 카자크 병사 두 명이 말에서 떨어져 다른 병사들이 그들을 데리고 갔다고 설명했다. 이처럼 첫 전투에서 러시아의 피가 흘렀다. 그것이 말의 피라고 할지라도 말이다.

발포 명령을 내린 것은 바로 요시무라 중위였다. 그는 그곳에 있던 유일한 장교였다. 나는 아베 중위를 통해서 자세한 내용을 들었는데, 그는 내가 머물고 있는 일본인 호텔로 찾아와서 이곳에서 통하는 단 한 가지 방법인 일본식으로 면담을 했다.

우리는 내 방에서 차와 정종을 마셨고 식초에 담근 양파를 젓가락으로 먹었으며, 신발도 신지 않고 땅바닥의 돗자리 위에 앉아 있었다. 그와 나 사이에는 전통적인 화로가 놓여 있었고 그 속에는 숯이 몇 개 타고 있었다. 우리는 화로 속에 담뱃재를 떨었다. 일본인들은 고질적인 애연가들이어서 손님에게 담배를 권하는 것이 예의이다. 이 모든 게 다 좋은 것이라 하더라도 이러한 문화에 적응할 기회가 거의 없었던 가엾은 종군기자에게는 많은 문제가 따를 수밖에 없었다.

아베 중위는 신일본제국의 전형적인 장교였다. 유럽식 제복을 입고 짧게 수염을 길렀지만 그는 동양인이었다. 그는 자연스럽게 무릎을 접고 편하게 앉아 있었지만 나는 다리를 어떻게 놓아야 할지 몰라 쩔쩔매며 발목에 쥐가 나지 않도록 계속 주의를 기울여야 했다. 나는 정말로 전혀 편하지 않았다.

도쿄(東京)의 사관학교를 졸업한 그는 영어, 프랑스어, 중국어를 유창하게 할 줄 알았으며 독일어도 조금 배웠다고 했다. 그는 전쟁이 끝나면 본국의 사관학교로 돌아가 군사학의 석사과정을 이수할 것이라고 설명해주었다.

일본인은 틀림없이 전투적인 종족이다. 남자들은 타고난 병사였으며 그들의 장교도 마찬가지였다. 나는 옆방에 기숙하고 있는 고시바 대위를 방문했는데 그는 천부적 재능을 지닌 장교였다. 그는 대동강에 다리를 신축하고 평양의 성곽 보수를 책임지는 임무를 맡은, 할 일이 아주 많은 바쁜 장교였다.

고시바는 지도와 서신, 엽서 들이 산더미처럼 쌓여 있는 맨바닥에 앉아 있었다. 명령들이 오고 갔으며 수없이 많은 보고서와 서신을 갖고 온 전령들이 도착하고 다시 파견되었다. 이런 모든 것들이 우리의 간단한 대화를 끊어놓고는 했다. 우리 사이에는 화로가 있었고 그가 내게 담배를 권했으며 차를 주문했다. 벽 쪽에는 말이 짐으로 끌기에 알맞은 크기로 만든 군용 취사상자가 가지런히 쌓여 있었고, 벽에는 말안장 주머니와 혁대와 칼이 걸려 있었다. 책상은 없었다. 그는 그 모든 일을 바닥에서 했다.

병사들은 서울에서부터 하루에 평균 32킬로미터를 걸었다. 내가 병사들의 발이 괜찮은지 물어보자 그는 마지못해 그들 중 몇 명이 고생을 한다고 인정하고는 얼른 말을 잇기를, 병사들은 조국을 사랑하는 마음이 너무 크기 때문에 발의 물집 같은 것은 러시아군을 이겨야 하는 사명에 비하면 아무것도 아니라고 덧붙였다. 그가 말했듯이 러시아군 앞에서 물집은 존재하지 않았다. 몇 명 정도는 행군하기가 힘들어 보였으나 모든 병사가 전쟁에

임하기에 훌륭한 상태를 유지하고 있었다.

  나는 고시바에게 편자를 구하러 갔고 10분도 채 안 되어 나왔는데, 나오면서 기병장교에게 전언을 전하는 임무를 받았다. 그는 다음에도 계속 편의를 제공하겠다고 내게 약속했다. 일본인 장교들은 도움과 편의를 제공하는 문제에 관해서는 언제나 한결같이 정중하고 호의적이었다. 그리고 아무리 바쁘더라도 잠깐 틈을 내어 우연히 만난 종군기자에게 도움을 청하고 협조나 그와 비슷한 일을 부탁했다.

압록강을 향하여 8

1904년 3월 7일

베이징으로 가는 길을 진흙투성이라고 묘사한 바 있다. 그것은 전적으로 맞는 말은 아니고 낮에만 사실이다. 밤이면 그 길은 빙판으로 변했지만 북쪽 고개에 있는 길은 낮에도 빙판이었다.

15도나 30도의 경사진 빙판 위에서 말을 끌고 가는 사람은 우선 말이 넘어져 다리가 부러지지 않도록 기도하고 그다음에는 그 짐승이 자기 몸을 덮치며 쓰러지지 않도록 기도해야 했다. 게다가 자기 말에만 신경 쓰면 되는 것이 아니라 자신도 넘어지지 않도록 조심해야 했다. 그 빙판은 반짝반짝 윤이 나고 무척 단단해 왁스 칠을 한 마루보다 훨씬 더 미끄러웠다.

사람이 미끄러지고 말도 같이 넘어지는 배합은 별로 유쾌한 일이 못 되었다. 일렬로 줄지어 모여 있다가 미끄러지는 경우에는 사람이건 짐승이건 간에 모두를 진땀 나게 했다. 보병 중대 뒤를 따라 기어올라 간 얼음판 같았던 몇몇 언덕을 나는 영영 잊지 못할 것이다. 사람들이 미끄러져 여기저기 넘어져 있었다. 이 미끄러짐은 전염성이 강했다. 내 앞에 가던 맥로드가 몇 번 돌더니 넘어지고 말았다. 한 병사가 그를 일으켜주다가 넘어졌다. 나의 경우로 말할 것 같으면 양 발이 동시에 제각기 다른 방향으로 헛돌다 가까스로 몸의 균형을 잡는 식이었다. 불쌍한 내 말 벨도 나와 똑같은 어려움을 네발로 겪었다. 그리고 다음은 존스와 그의 말이었는데, 존스는 사방으로 미끄러지고 넘어지면서도 벨이 자기 위로 넘어질까 봐 소리를 질러댔다. 그는 마치 벨이 당장 자기 쪽으로 넘어지기라도 할 것처럼 쉴 새 없이 소리를 질렀다. "조심해! 자네 말 다리가 부러지겠어!" 그는 곧 말을 바꾸어 이렇게 외쳤다. "그러니까 말의 편자를 잘 살펴보라고!"

나는 그의 말을 따랐다. 말은 사방으로 땅을 걷어찼으며 발을 디딜 때마다 편자가 얼음판과 말굽 사이에서 미끄러졌다. 우리가 언덕 꼭대기에 올랐을 때는 - 그 전에는 멈출 수가 없었다 - 편자의 나사가 모두 풀려 손으로 잡아 뺄 수 있을 정도였다. 맥로드의 말은 뒷발의 편자 두 개가 없어졌다.

존스는 의연하게 자신의 말을 타고 길을 계속 갔고 맥로드와 나는 말을 끌고 갔다. 5리를 더 가니 군인들로 가득 찬 마을이 나타났다. 우연히도 우리의 통역들은 우리보다 앞에 있거나 뒤처져 있었다. 우리가 히야시 장관이 일본어로 쓴 신임장을 꺼내 보여주자 장교들은 아주 정중하게 대접해주었다. 한껏 뽐을 내더니 말에 탄 한 젊은 중위가 안장 주머니를 열어 편자 한 개를 꺼내 주었다.

"음, 내가 지금 할 수 있는 말은……. 이 전쟁을 통해 내가 무엇인가를 배웠다는 걸세."

맥로드가 말했다. 그것은 나도 마찬가지였다. 버나드 쇼(Bernard Shaw)의 작품인 <초콜릿 병사(The Chocolate Soldier)>(1894)가 유럽에서는 사실인지 몰라도 일본에서는 틀림없이 아니었다. 유럽 장교들의 안장 주머니에 사탕이 들어 있다면, 일본 장교들은 안장 주머니에 사탕 대신 편자를 넣고 다녔다. 그들은 편자를 지니고는 있었지만 대장장이는 아니어서 다음 기병대가 도착할 때까지 세 시간 동안이나 발을 동동거리며 기다려야 했다. 그때 이후로 우리는 안장 주머니에 항상 예비 편자를 갖고 다니기로 했고 스스로가 대장장이가 되기로 결심했다.

해가 떨어진 후에야 다시 길을 떠날 수 있었다. 우리가 탄 말의 편자 소리는 얼어붙은 땅 위에 명쾌하게 울려 퍼졌고 10리를 채 못 가서 존스 일행을 따라잡을 수 있었다. 존스는 여섯 채의 가옥이 있는 마을에서 여장을 풀기로 했는데 그곳은 이미 병사 100명이 밤을 보내기로 한 곳이었다. 다행히도 우리가 묵을 방 하나를 구할 수 있었다. 방은 침낭 세 개가 겨우 들어갈 정도여서 불편했지만 밖에서 자는 열댓 명의 병사들은 땅바닥에 잠자리를 펼치는 상황을 감수하고 있었다. 일본군 장교는 존스에게 셀 수도 없을 만큼 여러 번 즉각 떠날 것을 명령했다. 그가 명령한 횟수만큼 우리의 짐들은 길바닥에 팽개쳐졌다. '왜놈'들에게 극도로 겁을 먹은 조선인 마부들과 통역들은 떠나라는 명령이 내려질 때마다 다음 마을로 가자고 존스에게 애원했다. 그러나 존스는 다음 마을에도 이곳 못지않게 많은 병사가 있을 것을 알았기 때문에 떠나라는 명령이 떨어질 때마다 부들부들 떨고 있는 마부들에게 길바닥에 팽개쳐진 짐들을 다시 챙기라고 명령했다.

여기서 윤리적인 의문이 제기된다. 존스는 — 우리도 마찬가지지만 — 밤을 보내기 위해 이 집을 차지할 권리가 있었을까? 이 안식처는 우리가 먼저 도착했기 때문에 우리 차지가 되었다고 말할 수도 있다. 또한 점령군의 권리로 따지면 그 숙소가 병사들의 차지라고 말할 수도 있다. 그러나 그 집을 소유하고 있던 조선인의 권리에 대해서는 어떻게 생각해야 할 것인가? 어찌 되었건 맥로드와 나는 우리를 위해 방을 잡아준 존스에게 감사해하며 달콤한 잠을 잤다.

말의 편자를 예비로 준비해두는 것이 우리에게는 커다란 골칫거리였다. 먼저 우리가 갖고 있는 편자는 조선인 대장장이에게 전혀 낯선 서양식 편자였다. 조선식 편자는 수세기에 걸친 경험을 토대로 만든 것이었고, 여기서 우리가 찾는 서양식 편자를 원하는 시간 내에 구하기란 불가능했다.

게다가 일본인 대장장이는 우리가 갖고 있는 편자를 박을 줄 모르는 것 같았다. 그가 박아준 편자는 매일 떨어져 나갔다. 우리는 미국인 대장장이를 찾기를 바랐기 때문에 평양에 도착하자마자 말을 끌고 300킬로미터나 떨어진 마을까지 찾아 나설 수밖에 없었다.

거기서 나는 미국인 선교사인 그레이엄 리 씨에게 1~2킬로그램 정도의 징을 샀다. 그의 소개로 조선인 대장장이를 알게 되었는데, 그는 나의 말 벨의 편자와 같은 것으로 두 개를 만들어주기로 했다. 그는 그러한 중요한 주문을 받고는 의기양양해서 어쩔 줄 모르는 것 같았다. 그러나 그레이엄 리 씨에게 따끔하게 한마디를 듣고는 제대로 정신을 차리고 작업에 착수했다. 마침내 나는 제대로 된 편자를 손에 넣었다. 게다가 어떤 일본인 중대장이 편자 한 개를 주었고 기병대 대위 한 명이 또 한 개를 주어 편자 걱정에서 해방될 수 있었다. 그 후로 나는 안장 주머니 속에 편자 한 세트와 징을 박을 못을 갖고 다닌다. 벨의 편자가 자꾸 떨어져 나가는 일이 일어난다면 나도 틀림없이 대장장이 분야의 무엇인가를 배울 것 같다.

베이징으로 가는 길에는 말들만 발이 아파 괴로워하는 게 아니었다. 도처에서 발이 아픈 병사들을 볼 수 있었다. 그들은 아픈 발을 이끌고 수십 킬로미터를 걸어온 것이다. 아픈 발을 끌고 걸어야 하는 괴로움보다 더 끔찍한 것도 드물다. 한 걸음 한 걸음을 옮기는 것이 고문이나 다름없는데도 그들은 매일 계속해서 걸어야 했다. 단지 아픔이 가실 때까지만이라도 앉아서 쉴 수 있다면 아마도 괜찮았을 것이다. 그러나 그들은 계속 걸어야 했고 걸음을 옮길 때마다 새로운 고통이 살 속으로 파고들었다.

그들에게 천국이란 아마 걸음을 멈추는 것이었으리라. 그들은 그렇게 오래도록 행군하는 동안 불교에서 말하는 열반을 꿈꾸었는지도 모른다. 어쨌든 그들은 걸으면서 꿈을 꾸고 있었다. 그 어떤 것도 그들을 깨울 수 없었기 때문이다. 우리가 타고 있는 말들의 갑작스럽고 빠른 발소리도 그들에게는 아무런 영향을 주지 못했다. 우리가 '발병 환자'들 사이를 이리저리 헤집고 가는데도 그들은 피하지 못했다. 우리의 말들이 길을 비켜 달라고 그들을 치며 가도 그들은 옆으로 피하려는 시늉조차 하지 않았다. 그들은 뱃멀미를 하는 사람들처럼 너무나 지쳐 있었다. 빨리 옆으로 비켜 말을 피하려고 노력하는 것보다 밟히는 것이 그들에게는 더 간단했다. 우리는 아무도 밟지 않았지만 그들이 한 것은 아무것도 없었다.

우리는 군대보다 빨리 행진했으므로 보병대에서 이탈해 뒤에 처진 채 따라가고 있는 '발병 환자'들을 끊임없이 앞질러 갔다. 대부분의 병사들이 거추장스러운 짐들을 벗었고 짐을 끄는 가축들의 등에 그 짐들을 쌓아놓았다. 또한 많은 병사들이 두꺼운 가죽 군화를 벗고 평상시에 신는 짚신으로 갈아 신었다. 어떤 병사는 맨발바닥에 두꺼운 천을 덧대어 질질 끌면서 얼어붙은 진흙 속을 걸어가고 있었다. 그러나 그것은 초입에 불과했다. 수천 킬로미터의 행군이 다 끝나고 나면 '발병 환자'들도 얼마 남지 않을 것이다.

길을 가다보니 다른 종류의 새로 알아두어야 할 것들이 있었다. 황주의 예를 들면 조선인들이 백인에게 숙소를 제공하고 말에게 먹이를 주는 것을 당연하게 받아들인다는 장점이 있는 반면, 백인들에게서 도둑질하는 것도 당연하게 여긴다는 단점이 함께 전수되고 있었다. 황주는 주민 약 3만 명이 사는 오래된 도시로서 남룡강가에 장엄하게 자리 잡고 있었다. 맥로드와 존스는 그날 동순재를 넘어 140리를 달렸고 해가 진 뒤에도 마을을 찾지 못해 20리를 더 가야만 했는데 산속에서 산적을 만날까 조바심을 냈다. 그들이 황주에 도착했을 때는 사람과 말 모두 지쳐 있었다. 나는 늘상 그렇듯 나사 풀린 편자 때문에 뒤에 처져 가고 있었다.

황주에는 주민 3만 명이 모두 그들의 집에서 살고 있었다. 맥로드와 존스는 방을 빌리지도 못했을 뿐 아니라 말에게 줄 콩과 귀리도 구하지 못했기 때문에 사람과 짐승 모두 지쳤지만 할 수 없이 옆 마을로 다시 가게 되었다. 주민들과 끊임없이 대화를 나누어보았지만 먹을 것을 구하기는커녕 10리만 더 가면 나오는 다음 마을로 가라는 말만 수없이 들었다.

존스는 '10리만 더 가라'는 이 말에 신경이 이만저만 곤두서 있는 게 아니었다. 그는 이 나라에 들어오고 나서부터 이 말 외에는 들어본 것이 없으며, 짜증나는 상황에서 하도 자주 이 말을 들었기 때문에 나중에 '10리만 더 가라'라는 제목으로 조선에 대한 책을 쓸 계획이라고 했다. 그는 맥로드와 함께 10리를 더 간 후에도 그 상투적인 말에 따라 다음 마을을 향해 길을 또 가야 한다는 걸 알고서는 화가 머리끝까지 치밀었다.

주민 3만 명이 사는 마을에서도 숙소를 얻지 못하는데 그보다 더 작은 마을에서 무엇을 바랄 수 있겠는가? 존스는 더 이상 멀리 가는 것을 거부했고 맥로드도 동의했다. 그들은 주머니에서 권총을 건성으로 꺼내 들었다. 이사벨라 버드 비숍(Isabella Bird Bishop)*이 이 상황 변화를 보았다면 기뻐 날뛰었을 것이다. 이 사건으로 조선인에게 받은 갖가지 냉대와 무례한 대접에 대한 온갖 괴로움이 조금 가시는 것 같았다. 조선인들은 총을 보자 모여서 수군거리더니 2분 후에 말과 사람들을 편안한 곳으로 안내했다.

얼마 후 밤이 되어 황주에 도착한 나는 일행을 찾느라 소리를 지르며 거리를 돌아다닌 탓에 사람들을 깨우고 말았다. 우습게도 나는 통역이 없었기 때문에 그들이 틀림없이 '10리만 더 가라'는 말을 수없이 했을 텐데도 그 말을 알아듣지 못한 것이다. 나는 소리를 지르며 사람들을 모두 깨웠고 존스의 통역이 말하

---

* 영국의 여행가이며 작가. 1894년에서 1897년 사이에 일본과 조선, 중국을 돌아보고 수많은 여행기를 씀.

는 목소리를 들을 때까지 마을을 종횡무진 돌아다녔다. 내가 들어갔을 때 존스와 맥로드는 조선식의 형편없는 방바닥에 다리를 쭉 뻗고 앉아 먹을 것이 들어오기를 기다리고 있었다.

우리는 장비를 후진에 남겨놓았고 최소 소비량만을 평양까지 끌고 왔다. 야전침대도 없어 돗자리 위에서 자야만 했고 양식도 다 떨어진 상태였다. 우유도 없고 빵도 없으며 약간의 설탕과 차, 그리고 이 나라의 설익고 품질 나쁜 쌀이 있을 뿐이었다. 바로 이것이 이날의 식단이었다. 우리는 밥에 설탕을 넣지 않고 먹었는데 설탕은 위스키를 넣은 음료수를 만들어 먹으려고 아껴두었다. 이번으로 위스키도 마지막이었다.

다음 날 아침에 일어나자 전날보다 더 간단한 식사가 나왔고 말을 덮어주었던 담요 두 장이 없어진 것을 알게 되었다. 그러나 집주인은 아는 바가 없었다. 수없이 되풀이되는 '죄송'이라는 말 후에야 우리는 그 소식을 알았는데 집주인은 매우 미안해했다. 다른 정보를 캐내기 위해 우리는 수없이 되풀이되는 두 번째의 '죄송'을 들어야 했고, 한없이 계속되는 세 번째의 '죄송'을 들은 후에는 집주인이 담요를 다시 찾는 데 아무것도 할 수 없음을 알아냈다.

우리는 말에 안장을 얹고 떠날 준비를 마쳤다. 우리는 목소리를 거칠게 하고 그에 맞는 몸동작을 해 화가 나 있음을 드러냈고, 집주인을 밖으로 내쫓아 도둑맞은 것을 다시 찾아오도록 했다. 그날은 매우 춥고 습한 아침이었다. 넓은 소매 속에 손을 넣은 채 어깨를 늘어뜨리고 길 한가운데 서서 초점 없는 눈으로 애원과 책망을, 다시 말해서 모든 감정이 조여오는, 마치 고문에 의해 죽음을 기다리는 듯한 표정을 짓고 있는 집주인의 얼굴을 보니 그처럼 불쌍하고 비참한 인간의 모습은 없으리라는 생각이 들었다.

그러나 죽음에 대한 두려움은 다른 사람의 마음속에서도 생겨나야만 했다. 우리는 그 마을의 우두머리를 오게 했다. 그는 옷을 잘 입고 있었고 살이 찐 것으로 보아 물질적으로 풍요롭다는 것을 짐작할 수 있었다. 우리는 통역을 통해 다음과 같이 말한 후에 그를 풀어주었다. "담요 두 장을 도둑맞았다. 우리는 당신에게 책임을 묻겠다. 더 이상 '죄송'이란 말은 듣고 싶지 않고 우린 단지 담요만 원할 뿐이다. 찾는 데 5분을 주겠다. 만약에 5분이 지난 후에도 담요를 찾아내지 못하면 당신을 저기 쓰레기 더미 위에 세워놓고 당신 부하들이 담요를 찾아낼 수 있도록 5분의 시간 여유를 더 주겠다. 그래도 찾아내지 못하면 당신을 평양까지 데리고 가서……."

우리는 이 말을 끝내지 않음으로써 평양에서 기다리고 있을 그의 끔찍한 운명에 대해 그가 상상할 수 있도록 배려해주었다. 첫 5분이 지났는데도 담요는 여전히 돌아오지 않았다. 그래서 우리는 그를 쓰레기 더미 위에 억지로 세워놓았다. 그러자 그의 부하들이 담요를 찾기 시작했다. 부하들은 그의 지휘하에 열심히 찾아다녔다. 그들은 모든 것을 뒤지고 다녔다. 황주의 모든 사람이 구경하러 몰려들었다. 만약에 그들이 담요를 찾아내지 못하면 우리가 협박했던 대로 해야 하나 아니면 이 상황을 어떻게 모면해야 하나 걱정하고 있는데 마침 비명이 들렸다. 한 대담한 짐꾼이 우리가 있는 곳으로부터 4미터도 채 안 되는 곳에서 담요를 찾아낸 것이다.

그러나 조선에서는 대담하지 않은 편이 훨씬 나았다. 짐꾼이 담요를 찾아낸 것은 사람들이 그 불쌍한 사람을 향해 돌격하라는 신호와도 같았다. 맥로드의 통역이 그를 덮치더니 상투를 낚아챘다. 그가 하늘과 모든 황주 사람들에게 구원을 청하고 있는 가운데 사방에서 주먹질과 발길질이 가해졌다. 하늘은 그의 청을 들어주지 않았으나 온 황주는 기쁨으로 넘쳐흘렀다.

상황이 이쯤 되고 나니 마을의 우두머리가 우리 통역에게 달려들면 어떻게 하나 걱정이 되었다. 베이징으로 가는 길에서 목숨을 부지하려면 통역을 보호해야 했다. 그래서 나는 우두머리를 옆으로 밀쳐냈는데 너무 세게 밀었던지 그는 균형을 잃고 쓰러질 뻔했다. 하지만 내가 잘못 판단했다. 나는 그의 의도를 제대로 알지 못했던 것이다. 그는 짐꾼을 때리는 자들과 합세하기 위해서 앞으로 뛰어갔다.

무엇 때문에 그 짐꾼은 그 많은 매를 맞아야 했을까? 나는 잠시 당황했다. 약자가 강자와 화해하려면 그보다 더한 약자를 때려야 한다는 사고방식은 지극히 아시아적인 것이다. 이러한 생각을 하고 있을 때 조선인 통역인 만영이가 우두머리의 상투를 낚아챘다. 나는 통쾌했고 그곳에 모인 황주 사람들 모두는 경악을 금치 못했다. 우두머리의 정신적 혼란 상태는 표현할 수 없을 정도였고 만영이가 상투를 놓았을 때도 마찬가지였다.

"우리 같은 백인 50명이 30분 이내에 도착할 것이라고 말해."

존스가 말하는 동안 우리는 말에 올랐다.

"만약에 또 이런 일이 생기면 20분 이내에 황주에는 단 한 사람도 살아남을 수 없을 것이다."

맥로드가 말했다. 그리고 우리는 아무 말도 하지 않고 말을 타고 마을을 떠났다. 우리는 지고한 양식(良識)을 지닌 덕분에 분노에 제동을 걸고 주민 3만 명이 사는 번성한 마을을 짓밟지 않고 떠난 것이다.

9장 통역들의 실수

1904년 3월 8일, 보발재

조선에서는 장비 하나하나가 다 문제를 일으킨다. 말이 다섯 마리이면 편자 스무 개가 필요하고 그것은 스무 가지 문제를 일으킨다. 그런데 그 문제들에 대해 주인 외에는 아무도 책임지려 하지 않는 것이다. 마부 한 명을 다루는 것이 소년 교도소의 아이들 모두를 통솔하는 것보다 더 어려우며, 마부 두 명을 다루는 것보다 미국 대통령이 되는 편이 더 쉬울 것 같은 생각이 진심으로 든다. 베이징으로 가는 길에 겪은 수많은 괴로움 중 여태껏 스물두 가지만 이야기했다. 그런데 여기에 통역 문제까지 포함하면 문제가 스물세 가지라고 해서 안 될 것은 없지 않은가?

야마다 씨는 나의 통역이다. 일본인인 그의 영어 통역은 중간 수준이라고 말할 수 있다. 하지만 조선에 대한 지식 때문에 그의 가치가 더 돋보인다. 게다가 그는 필요한 경우 러시아 장교에게 내가 신문사의 비무장 기자일 뿐이라고 설명할 정도로 프랑스어도 곧잘 한다. 나로서는 그가 하는 프랑스어를 평가할 방법이 도무지 없다. 단지 그가 영어로 말할 때처럼 결정적인 순간에 실수하지 않기를 바랄 뿐이다.

법정에서 한 이탈리아인이 어떤 통역의 중개로 증언하는 장면을 묘사한 것 중 다음과 같은 일화가 있다. 판사가 질문을 하나 던졌다.

"어쩌고어쩌고……."

통역이 전했다.

"어쩌고저쩌고……."

증인이 대답했다.

이런 모양으로 약 10분간 서로 이야기하더니 통역이 법정을 향해 돌아서서 이렇게 말했다.

"증인이 '네'라고 합니다."

이 일화에 대해 그때에는 별로 실감하지 못했으나 지금은 뼈저리게 공감한다. 그것은 통역을 하는 경우뿐만 아니라 내가 말하는 경우에도 그러하다. 통역인 야마다 씨와 함께 일본인 장교와 인터뷰를 하는 중에 나는 '네, 아니요'로만 대답할 것을 요구하는 간단한 질문을 했지만 그 답을 듣기 위해서 "어쩌고저쩌고······" 하고 15분간이나 설명을 들어야 했다. 마찬가지로 내가 중요하면서도 까다로운 문제를 쉬운 영어로 설명하느라 5분 동안 매우 신경을 써서 이야기하고 나면 야마다 씨는 단순히 "어쩌고저쩌고······"라고 장교에게 말하고 나서 곧 이렇게 말하는 것이다.

"알아들었답니다."

조선인 통역과의 본질적인 어려움은 그 자신을 위해서라 할지라도 그가 생각을 하도록 하는 데 있다. 그러나 일본인 통역과의 본질적인 어려움은 그가 상대방의 입장에서 생각하는 것을 막는 데 있다. 일본인 통역은 아시아인이다. 그가 백인만큼 백인의 사고방식을 잘 이해할 수는 없는 것이다. 그의 통역이 편자를 구한다든가 숙소를 구하는 것에 국한되는 한 아무 문제가 없다. 그러나 추상적인 것을 설명해달라고 요구하는 순간부터 혼동과 오해가 시작된다. 그는 상대방의 관점을 이해할 수 없으면서 금세 상대방의 입장에서 생각하기 시작하는 것이다. 가장 난처한 것은 한동안, 아니 어쩌면 영원히 상대방이 그 사실을 눈치채지 못하는 경우이다.

술래잡기를 할 때 사람들의 행동이 아주 재빠른 것처럼 생각이란 금세 달아나는 것이어서 붙잡을 수가 없다. 당신은 술래이지만 생각을 잡았을 때 그 생각을 알아챌 수 없다. 그것은 조금 전까지는 당신의 생각이었지만 잠깐 사이에 무슨 일인가가 일어난다. 그 생각은 다른 것이 될 것이다. 그렇지만 당신은 그것을 알아채지 못하고 대담이 끝날 때까지 변화무쌍한 환영을 따라서 머뭇거리며 방황하다가 분명한 결론을 짓고 그 자리를 떠난다. 당신은 그 결론에 의해 행동할 것이고 일주일쯤 지나면 그 결론이 틀린 것을 알게 되고, 그것을 바탕으로 한 모든 사실이 틀렸으며 당신은 여전히 술래이고 처음부터 다시 시작해야 한다는 것을 알게 될 것이다.

매일 저녁 야마다 씨는 그날의 보고서를 가져온다. 오늘의 보고서가 방금 막 도착했다. 그 보고서를 다 이해했다는 확신을 갖고 아래에 베껴 적는다. 여러분도 이 보고서를 다 읽은 후에 나와 같은 확신을 갖게 되리라고 감히 생각해본다.

보고서, 3월 8일, 흐림(약 섭씨 7도)

우리는 총사령부 참모장과 영사에게 인사를 하고 우리 일행을 돌봐줘서 고맙다고 알린 후 오후 2시 30분경에 평양을 떠났다.

  * 추신: 우리는 평양을 떠나는 문제에 대해 의논하려고 사사키 사령관을 방문했다. 사령관은 안주로 가는 데 아무런 위험이 없다고 했다(안주는 평양보다 조금 더 작은 도시이며 일본인 기병대와 아이들이 첩자로 활동하고 있다). 그렇지만 당신들은 내가 통지를 할 때까지 기다려야만 한다는 것을 고백할 수밖에 없다. 그러므로 장군이 허락할 때까지 평양에 남아달라고 간청했으나 우리는 그렇게 할 수 없다. 왜냐하면 우리는 기자이기 때문이다. 기삿거리도 없고 재미도 없는데 그렇게 많은 돈을 낭비하고 싶지 않다.

  우리는 안주라는 장소를 목적지로 정한 것에 대해 토론하며 평양을 떠난다. 갈가라는 마을을 지나서(평양에서 10리), 강후지(5리), 월폰지(5리) 그리고 보발재라는 마을에 저녁 5시 반경에 도착했고, 그러니까 우리는 오늘 걸었다(25리). 우리는 보발재에서 일본인 기병대의 첩자들을 몇 명 만났다. 그들이 우리에게 전쟁에 관한 몇 가지 비밀을 알려주었는데, 안주를 지나면 러시아군은 없으나 간혹 그들의 첩자들이 있다고 했다(카자크 기병대로 인해).

  오후 4시에 눈이 온다. 그러나 매우 조금이며 우리는 양호한 상태이다. 우리는 도사령관인 이누에 장군을 기다린다. 그가 안주에 도착하면 틀림없이 러시아와의 전투가 시작될 것이다.

군 검열관이 야마다 씨가 작성한 이 보고서를 군 기밀 누설죄로 보지 않는다면 그냥 넘어가도 되겠지만 그렇지 않다면 검열관은 통역들의 언어 전달력을 문제 삼아야 할 것이다.

무슨 일이 있더라도 조선을 지나서……

1904년 3월 10일, 순안

평화 시에도 조선을 여행하기란 그다지 쉬운 일이 아니다. 그러니 전시에는 조선 여행이 유난히 더 복잡할 수밖에 없다. 무엇보다도 가장 중요한 것은 조선에 도착하는 것이다. 일본 당국은 애당초 신문기자들이 일본에 반감을 품고 도착하는 것을 보고 신문기자들을 그다지 탐탁하게 생각하지 않았다. 일본 관료들은 기자들이 종군할 수 있도록 허가가 떨어질 때까지 일본에 머물 것을 요청했다. 많은 기자들이 머뭇거리며 시간을 지체하고 있었다. 내가 알고 있는 한, 그리고 내가 이 글을 쓰고 있는 지금 이 순간에도 그들은 여전히 일본을 떠나지 못했을 것이다.

어쨌든 일본에서 만난 그 많은 기자들을 나는 서울에서도 평양에서도 만나지 못했고, 북쪽으로 전진 중인 일본 군대를 따라 베이징으로 향하는 길에서도 보지 못했다. 전쟁은 조선과 일본 사이에 바다로 연결되는 모든 것을 차단하는 것에서부터 시작되었다. 나는 조선으로 가는 마지막 배의 3등석 표를 겨우 구입할 수 있었다. 가까스로 승선해 승객들을 헤치고 자리를 겨우 잡았을 때에는 이미 닻이 올려지고 배는 시모노세키(下關) 항구를 떠나고 있었다.

이 배는 조선의 남동쪽 끝에 있는 부산에 나를 내려놓았다. 그날은 일요일이었다. 그 전날 러시아 승객 부부가 그 항구 바로 앞에서 붙잡혔다고 했다. 그 소식을 들은 나는 공식적인 선전포고가 난 것을 몰랐음에도 정말 호두 껍질만 한 기선을 타고 바로 부산항을 떠났다. 그러나 곧 나는 내 짐과 더불어 다른 승객들과 함께 육지에 내던져졌는데 그곳이 목포였고 나는 승객 중에서 유일한 백인이었다.

그날 나는 조선의 서해안을 끼고 다니는 거룻배를 탔다. 거룻배라는 것은 아주 조그만 어선으로 갑판도 없고 짚이나 건초로 엮어 만든 돛을 단 것인데, 그 장비가 어찌나 낡았는지 고양이의 발길질에도 부서질 것만 같았다. 화요일에 나는 군산에 있었다.

해전이 제물포에서 일어났는데, 나는 제물포항에 해전이 일어난 지 일주일 후에 또 다른 거룻배를 타고 도착했다. 이 항구로 들어서자 제일 먼저 침몰된 배들의 돛대와 총포가 나를 맞아주었다.

해전은 일주일 전에 시작되었고 선전 포고도 거의 같은 기간에 내려졌다. 15주의 예비 기간이 있었음에도 제물포와 서울에서 기자 세 명을 만났을 뿐이다. 그들은 ≪데일리 메일(Daily Mail)≫의 매켄지와 ≪나가사키(長崎新聞)≫의 루이, ≪콜리어스 위클리(Collier's Weekly)≫의 던이었다. 나는 네 번째로 도착한 것이다. 그리고 그 외에는 아무도 볼 수 없었다. 항구에 도착하는 배라고는 군함이나 수송함뿐이었다. 일본인 관료의 말을 따랐다면 우리 중 아무도 이곳에 있을 수 없었을 것이다.

또한 일본 공사와 장교들로부터 사령부가 도착할 때까지 현지에서 떠나지 말라는 통보를 받았기 때문에 우리는 서울에서 초조해하고 있었다. 매일 병사들은 만주로 떠났으며 작전의 현장인 북으로 향하고 있는데도 우리는 이동하지 말라는 단호한 경고만 받고 있을 뿐이었다. 그러나 여전히 사령부는 도착하지 않았고 군의 종군 허가도 떨어지지 않았다.

허가가 있건 없건 우리가 해야 할 유일한 일은 떠나는 것이었다. 우리 중 세 명이 300킬로미터를 올라가 평양에 도착했다. 가는 길에 사사키라는 장교를 만났는데, 그가 자기와 함께 있어 달라고 애걸했지만 우리는 그를 앞질러 갔다.

평양에서 일본인 영사가 우리를 개인적으로 소환했는데 그는 우리에게 더 이상 북으로 가지 말 것을 촉구했다. 사사키 장군이 후에 도착해 영사의 말을 다시 한 번 강조했다. 우리는 그 누구에게서도 분명한 정보를 얻어낼 수 없었다. 우리의 머릿속에는 청일전쟁* 중에도 이와 비슷한 경우가 벌어져 겨우 두세 명만이 전투 현장을 놓치지 않고 볼 수 있었던 기억이 남아 있었다. 극소수만이 무엇인가를 보는 데 성공했는데, 그것은 그들이 어떤 제약 앞에서도 계속해서 소신껏 행동했기 때문이다. 그들 극소수는 동양인의 사고에 대처하는 지혜가 있었던 것이 틀림없다. 매켄지는 이 시합에서 실패했다. 그는 우리 셋 중에서 가장 빨리 북으로 가고 싶어 했다. 그러나 그는 사사키 장군에게 설득을 당해 제물포항으로 돌아가고 말았다. 던과 나는 주장을 굽히지 않았다. 영사가 말하기를 일본은 우리의 안전을 걱정한다고 했다. 우리는 전투를 보러 왔다고 대답했다. 그는 우리의 말에 러시아군이 안주에서 패해 150킬로미터가량 떨어진 의주로 후퇴하는 중

---

* 1989년 6월~1895년 4월에 청나라와 일본이 조선의 지배권을 놓고 다툰 전쟁./ 옮긴이 주

이라고 대답했다. 만약 그렇다면 안주에는 더 이상의 위험이 없지 않겠는가 하고 우리가 말했다. 영사는 미소를 짓고 말머리를 다른 데로 돌렸다.

사사키 장군은 대단한 군인이다. 그는 자신이 북으로 진군할 때까지 우리가 자신과 함께 있는 것이 바람직할 것이라고 말했다. 그러나 그가 언제 북으로 진군할 것인가? 그는 그것에 대해 대답할 수 없었다. 하지만 그는 우리가 자신과 함께 간다면 각종 편의와 음식, 말이나 다른 짐을 끄는 가축들의 식량뿐 아니라 유사시에 필요한 예비의 말이며 원하는 모든 정보를 주겠다고 제의했다. 심지어 그는 길을 가는 동안 전투가 있을 경우에 새 말을 제공해주고 전쟁에 관한 정보가 들어오는 대로 알려줄 것을 약속했다. 안주는 1,900리 떨어진 곳으로 길 상태가 좋지 않기 때문에 말을 타고 꼬박 하루 낮과 밤이 걸릴 것이라고 말했다. 그의 말을 따라서 내가 그곳에 도착할 때면 과연 볼만한 전투가 남아 있을지 의심스러웠다.

어느 날, 대담을 나누는 동안 우리는 그에게 북으로 종군할 수 있도록 허가를 내려줄 것을 완곡히 부탁했다. 그는 거절했다. "당신은 우리가 평양에 남아 있도록 명령하는 것입니까?" 우리가 물었다. 그는 그것도 아니라고 했다. 그래서 우리는 간단하게 잘라 말했다. "그렇다면 우리는 내일 떠나겠습니다." "정 그렇다면 나는 당신들에게 무슨 일이 일어나더라도 책임질 수가 없습니다." 그가 대답했다.

우리의 안전에 대해서는 걱정하지 않아도 되고 우리는 단지 우리 고용원들의 안전이 걱정되는데, 평양에 남아 있어야 하는 것이 명령이 아니라면 당장 북으로 떠나는 것이 우리의 당연한 의무라고 그에게 설명했다.

이렇게 해서 일은 끝난 것이다(아니 어쩌면 시작된 것이라고 해야 옳지 않을까?). 짐들을 말 위에 다 싣기도 전에 우리는 영사로부터 긴급 소환장을 받았다. 짐은 계속해 실으라고 시키고 우리는 그와 함께 모든 문제를 다시 철저히 논의했다. 그는 우리더러 이곳에 남으라고 명령했을까? 아니다. 이제 우리는 스스로의 생명에 책임을 져야 한다고 생각했다. 평양성 서문으로 막 나가려는데 통역이 영사의 편지를 가지고 와서 나를 붙잡았다. 그 편지는 우리가 나누었던 대화 내용보다 더 애매모호했다. 긍정적인 것은 아무것도 없었다. 계속 가도 좋다는 허가도 아니었고 남아 있으라는 명령도 아니었다.

화요일이 거의 끝나갈 때쯤, 우리는 평양에서 25리 떨어진 보발이라는 마을에 진을 쳤다. 수요일 아침에는 안주에서부터 걸어온 심부름꾼의 편지를 받았다. 편지에는 카자크군이 안주에서 30리 떨어진 박천이라는 곳에 나타나서 일본군 정찰대와의 전투가 불가피하다고 써 있었다.

우리는 10리를 더 가다가 순안이라는 거의 텅 빈 마을에서 보병대 대위에게 붙잡혔다. 그는 평양에서 전화를 받았는데 우리를 붙잡고 있으라는 내용이었다고 말했다. 우리는 여기서 내일 아침 7시에 떠나기 위해 모든 말과 노새를 준비시켜놓으라는 명령을 내린 참이었다. 그 대위는 우리가 계속해서 가도 되는지 허락을 받았는가에 대해서 물었다.

여담으로 대위가 우리를 웃게 만든 이야기를 하겠다. 그는 일본군 정찰대와 러시아군 사이에 가벼운 충돌이 있었고 일본군 한 명이 죽었다고 말해주었다. 그는 그 장소는 정확히 밝히지 않았다. 그가 진정한 아시아의 후손이라면 이런 문제에 대해서는 당연히 애매하게 넘어가야 하는 것이다.

"박천에서 일어난 일이라고 말해." 내가 통역에게 말했다.

그러자 대위는 놀라 입을 다물지 못했다. 그는 방금 전화로 그 소식을 받은 것이다. 그는 우리가 전화로 그 소식을 들었을 리는 없다고 생각했다. 아무리 빠른 심부름꾼이라 하더라도 그 사이에 걸어서 이 거리를 올 수는 없었다. 그렇다면 어떻게 그 사실을 알았단 말인가? 우리는 그에게 설명해주지 않았다. 그리고 그는 아직도 이 문제에 대해 궁금해하고 있을 것이다.

전시에 조선을 여행하는 데 야기되는 문제들 중의 일부가 바로 이런 것들이다. 예를 들어서 숙소를 구하는 데 어려움이 있는데, 북으로 가면 갈수록 그런 어려움이 심해진다. 마을은 거의 텅 비어 있는데 남아 있는 소수의 주민들은 공포심 때문에 제정신이 아니었다. 카자크 정찰대들이 지나가면서 그들은 필요한 것을 모두 가져갔다. 또한 일본군들도 지나갔다. 그리고 지금, 전적으로 다른 종족이며 가장 무서운 대상인 우리가 도착한 것이다.

보발에서 어젯밤에 일어난 일들이 아주 좋은 예이다. 짐을 끄는 짐승을 포함해 가축이 열 마리였고, 사람은 던 – 내가 여태껏 존스라고 불렀던 – 과 나를 포함해 열 명이었다. 보발에는 집이 열 채 있었는데, 그곳 주민들은 단 한 마리의 말도 재워줄 곳이 없다고 했다. "10리만 더 가시오. 그러면 마구간이 있을 것이오." "10리를 더 가시오"라는 말은 던에게 새빨간 거짓말로 들렸다. 그 즉시 던은 화가 난 들소로 변했다. 그는 가장 가까운 울타리로 돌진해 눈 깜짝할 사이에 집 안으로 들어가 마구간으로 향했다. 그러나 말에게 줄 양식이 없었다.

"Paw-ree isso?" 우리가 소리 질렀다.

"Paw-ree oopso." 그들이 대답했다.

"Paw-ree auso!" 우리가 말했다.

이 대화는 이런 뜻이다.

"보리가 있소?"

"아니요. 보리가 없습니다."

"어서 보리를 구해 오시오!"

우리는 이 대화를 어찌나 자주 했던지 잠을 자면서도 말할 수 있고, 아니면 대화 중간에서부터 시작할 수도 있고, 어떤 상황에서든 이런 뜻으로도 다른 뜻으로도 말할 수 있게 되었다.

던이 가까이 있는 사람의 불룩한 바지에서 보리를 10여 킬로그램 정도 털어내고 있는 동안 나는 충실한 부하인 만영이를 데리고 숙소를 찾으러 나갔다. 그 동안에도 주민들은 같은 톤으로 "10리를 더 가시오"라고 외쳐댔다. 우리는 문을 강제로 열고 주인을 밖으로 내쫓은 다음 집 안을 살펴보았다. 우리는 되는 대로 옷을 차려입은 주름투성이의 늙은 노파들로부터 욕을 얻어먹었다. 늙은 남자건 젊은 남자건 간에 싸우려는 기색은 없이 욕만 했으며, 개들이 모여들어 으르렁대기 시작했다. 내가 가장 자주 들은 욕은 '개새끼'인데, 조선인들에게 그것은 심한 욕이다. 왜냐하면 그들은 조상을 숭배하는 종교를 믿는데, 그 욕이 조상을 더

럽히는 것이기 때문이다.

숙소를 구하는 일은 정말 지옥을 연상케 했다. 통역들도 자기들이 잘 집을 구하러 다녔다. 귀가 터질 듯한 소음과 "제발!"이라는 소리가 수없이 들렸다. 마부마다 수없이 싸움을 하고 다녔으며 반면 주민들은 절망하고 있었다. 우리는 마음에 드는 집을 고르고 나서 짐들을 가져오도록 시켰다. 요리사들은 요리에 필요한 짐들을 챙겼다.

그런데 모든 것이 순식간에 변했다! 주민들은 우리가 우리들이 빼앗은 모든 것에 대해 돈을 지불하는 것을 보았다. 그러자 기병대 한 소대에게도 충분할 만큼의 보리 등 곡식이 쏟아져 나왔다. 나뭇단과 숯이 도착했다. 닭과 달걀이 어디에 숨겨져 있었는지는 몰라도 여기저기서 쏟아져 나왔다. 공손하고 상냥해진 주민들은 우리를 둘러싸고 잔심부름을 해주었으며, 우리를 유심히 살펴보고 그들의 호기심을 채우고는 만족해했다.

이 세상의 모든 나라에서 돈은 성가신 문제를 일으킨다. 조선에서도 그것은 마찬가지이지만 한 가지 다른 점이 있다. 다른 나라에서는 돈을 버는 것이 어려운데 조선에서는 돈을 갖고 있을 때 어려운 점이 생기는 것이다. 돈이 없으면 모든 것이 순조롭다. 그러나 돈이 나타나면서부터 문제가 생긴다.

서울에 도착한 어떤 사람의 예를 들어보자. 그는 미국 금화(달러)를 갖고 있다. 1달러로 일본 금화 – 이곳에서는 그것을 엔이라고 부른다 – 를 두 개 살 수 있다. 재산이 두 배로 불어났으니 그는 매우 만족해한다. 1,000달러가 2,000엔으로 변하는 것이다. 그는 물건을 구입한다. 어디서나 일본 금화를 받는다. 그리고 어느 날, 그는 자신이 산 물건의 절반 정도가 조선 화폐에 기초해 값이 매겨진 것을 알게 된다. 그는 조선 화폐 대신 일본 화폐로 낸 것인데 그렇게 환전할 때마다 33.3퍼센트를 손해본 것이다.

아무도 조선 금화를 본 적이 없다. 그렇다 하더라도 조선 금화 한 닢은 일본 금화 한 닢보다 가치가 덜 나간다. 일본 돈 100'센트'가 조선 돈 150'센트' 정도 나간다. 내가 서울에 도착했을 때는 일본 돈 100'센트'가 조선 돈 140'센트' 정도였다. 제물포에서 나는 조선 돈을 사려고 통역에게 심부름을 보냈다. 그가 그날 저녁에 샀다면 154'센트'를 받았을 것이다. 그는 좀 더 좋은 값을 받으려고 그다음 날까지 기다렸다. 그러나 환율은 떨어져서 148'센트'밖에 받지 못했다.

일본 돈은 협정을 맺고 있는 몇몇 항구나 수도에서만 통용된다. 이러한 소수의 도시들이 아닌 곳에서는 조선 돈을 사용해야 한다. 조선 돈은 중국 '캐시(cash, 엽전)'에 기초해 있다. 그것은 동으로 된 동그란 모양인데 가운데 네모난 구멍이 나 있다. 그래서 끈으로 그것들을 엮을 수 있다. 짐 싣는 힘센 말이 50달러에 해당하는 동전을 실을 수 있다. 물건을 사는 데 한나절을 보내려 한다면 동전을 들고 다닐 짐꾼을 두 명은 데리고 다녀야 한다. 3,000달러의 빚을 갚으려면 여러 줄의 나귀 행렬이 필요한데, 도둑 한 명이 등에 싣고 훔쳐 가봐야 얼마 안 되는 것이었다.

그러나 '니켈(nickel)' 덕분에 모든 일이 순조로웠다. 그것이 없었다면 이 나라에서 며칠밖에는 여행을 못 했을 것이다. 5캐시는 한 '푼(pun)' — 동으로 되었고 구멍이 안 난 것으로 흔치 않다 — 에 해당한다. '푼' 다섯 개가 니켈 하나의 가치에 해당한다. 그보다 더 가치가 높은 동전은 없다. 모든 니켈은 가짜이다. 모든 사람이 그것을 안다. 아주 찌그러진 것은 반납하지만 아직도 가난한 사람들 사이에서는 통용된다. 어쨌든 니켈은 하도 거추장스러운 동전이라 사람들은 될 수 있는 한 가끔 쓴다. 서울과 제물포 지역에서는 동전 50개를 종이로 돌돌 말아 쓰는 것이 통례이다. 만약에 당신이 5달러를 줘야 하면 두루마리 두 개를 주면 된다. 당신은 안에 들어 있는 동전을 셀 필요가 없으며 받는 사람도 마찬가지이다. 당신이 두루마리를 받았을 때 속의 동전을 세보지 않았듯이 받은 사람도 그것을 쓸 때 세어보지 않을 것이다.

북쪽으로 가려고 서울을 떠날 때 여행 경비로 50달러를 니켈로 바꿨다. 50달러로는 일본 돈 100달러를 살 수 있었고 그것은 조선 돈 148달러로 바꿀 수 있었다. 조선 돈 148달러는 가짜 니켈 20킬로그램으로 바꿀 수 있었다. 20킬로그램의 동전을 지니고 나는 조선 돈의 비밀을 완파했다는 확신을 품은 채 안심하고 떠났다.

맙소사, 세상에 이럴 수가! 나는 아직 초보였다. 평양에 사는 선교사 쿤 씨가 그것을 입증해주었다.

"조선 돈 달러라니 그게 무슨 말입니까? 이해가 안 되는군요." 그가 말했다.

"조선 돈 1달러는 조선 돈 100센트의 가치가 있지요. 조선 돈 148센트는 일본 돈 1달러가 되고 일본 돈 2달러는 미국 돈 1달러의 가치에 해당합니다." 나는 자신 있게 대답했다.

쿤 씨는 동정 어린 눈으로 나를 처다보았다. "자, 여기 좀 앉아보세요, 친구 양반. 내가 전반적인 설명을 해드리지요. 시작하기에 앞서 당신이 아무것도 이해하지 못하고 있다는 것을 아셔야겠어요. 처음부터 다시 시작해야겠군요."

나는 그 자리에 앉았다.

"조선 통화의 단위는 '냥'입니다."

"냥이라면 캐시를 말하는 것이지요." 내가 그 문제를 빨리 해치우려고 끼어들었다.

그는 머리를 힘없이 가로저었다.

"그렇다면 냥이 무엇을 뜻하지요? 나도 들어보았으니 설명해보세요."

"한 냥은 4니켈에 해당됩니다."

"조선 돈 20센트이지요." 내가 중간에 말했다.

"다시 한 번 말씀드리는데 조선 통화 단위에서 센트는 존재하지 않습니다." 그의 목소리가 약간 높아졌고 신경질적으로 변했다.

"냥이 화폐 단위입니다. 이제부터 이곳에 적응하고 싶으면 냥만 써야 되고 냥이라는 단어만 발음해야 하고 냥으로만 생각해야 합니다."

나는 내가 그 정도의 지적 수준은 된다는 것을 알리고 싶어 안달이 났다. 그래서 이렇게 말했다. "아! 알겠어요, 4니켈은 한 냥이고 5냥은 조선 돈 1달러에 해당하지요."

그는 절망스럽게 팔을 내렸다.

"조선 통화 단위에 달러는 존재하지 않는다고 몇 번이나 말해야 알아듣겠소?"

나는 알겠다고 하고 계속할 것을 요청했다.

"그것이 전부입니다." 그가 말했다.

나는 암송했다.

"4니켈은 한 냥이며 냥은 화폐 단위이며 냥은 냥이다."

그는 아주 만족스럽게 고개를 끄덕였다.

"평양 밖에서도 니켈을 살 수 있을까요?" 내가 물었다.

"아니요. 게다가 그 종이 뭉치는 여기만 지나면 한 푼의 값어치도 없어요. 아무도 쳐다보지도 않을 것이오."

그 '종이 뭉치'란 내 지갑 속에 들어 있는 일본 지폐를 가리키는 것이었다.

"그러면 어떻게 하지요?" 내가 놀라서 물었다. "나는 아직도 몇 개월간 머물러야 할지 모릅니다. 마부 둘에 요리사 한 명, 통역 한 명 그리고 말이 다섯 마리나 있습니다. 비용이 많이 들어요. 니켈로 바꾼다면 나 혼자 필요한 돈을 수송하는 데만도 말 열두 마리와 마부 여섯 명이 더 필요할 텐데요. 돈을 수송하느라 경비가 추가될 것이고 그 때문에 말과 마부가 더 필요하게 되겠지요."

"남쪽 지방에서는 당신이 말한 그대로이지요. 하지만 북쪽 지방에서는 사정이 다르답니다. 당신이 해야 할 일은 은을 사는 것입니다."

"하지만 내가 알기로는……." 내가 말을 시작했다.

"잠깐만 들어보세요. 일본 돈이 은화로 존재한다는 것을 아서야 해요. 잘 들으세요. 은을 사세요. 북쪽의 큰 도시에서는 다 통용됩니다."

"무게가 얼마나 나가죠?" 내가 물었다.

"잠깐만요." 그는 계산하고 나서 말했다. "은화 100엔이 3킬로그램 나갑니다."

"은화 9킬로그램에 니켈 몇 킬로그램만 사주시겠습니까?"

나는 지폐로 일본 돈 300달러를 그에게 내밀었다. 그는 그것을 당혹스럽게 쳐다보았다.

"지금은 지폐 430달러로 은화 300달러를 살 수 있습니다." 그가 말했다.

"하지만 이 지폐는 금화를 대신하는 것인데요." 나는 반박했다. "그 지폐는 금으로 바꿀 수 있는 것이에요."

"하지만 은화는 화폐 단위가 아니에요." 그가 대답했다. "그것은 진짜 은을 말하는 거예요. 그러니까 은괴나 마찬가지이지요. 게다가 당신은 아무 손해도 안 봐요."

"잠깐만요, 이제 알 것 같군요. 지금 당신이 말하기를 금화 430달러로 은화 300달러를 살 수 있으며 나는 손해 보는 것이 없다고 했죠. 생각할 시간을 좀 주세요."

"너무 오래 생각하지 마세요." 그가 웃으며 말했다. "전쟁 때문에 일본 화폐의 가치가 떨어졌어요. 이 지폐는 가치가 계속 떨어질 거예요."

"잘 이해가 안 가지만 당신을 믿겠습니다." 내가 말했다. "저는 당신 말을 믿습니다. 당신 손에 나와 내 돈을 맡길 테니 지체하지 말고 은화 300엔을 사주세요."

"약 750이 들겠는데요." 그가 말했다.

"무슨 750이지요?"

"지폐 1엔이 750캐시이고 은화 1엔이 100캐시입니다."

"하지만 냥이 화폐 단위인 줄 알았는데요?" 내가 말했다. "이제 겨우 냥으로 말하고 냥으로 생각하고 냥으로 꿈꾸도록 습관을 들여놓았더니 이제 당신이 캐시로 말하다니요? 그렇지만 상관없어요." 나는 기다리지 않고 덧붙여 말했다. "설명하지 않으셔도 됩니다. 나는 내 머리가 잘 안 돌아가는 것을 아니까요. 사주세요. 이 종이들의 가치가 없어지기 전에 지금 당장 사주세요."

그리하여 그는 환전을 하도록 기독교인 환전소에 심부름꾼을 보냈다. 저녁때가 다 되었으므로 나는 숙소로 돌아갔다. 통역이 환한 미소를 띠며 나를 반겼다.

"소식을 들으셨어요?"

"무슨 소식?"

"도쿄에서 지시가 내려왔는데 군사 화폐의 가치를 1엔당 열 냥으로 정해주었답니다. 이를테면 1,000캐시라고 한답니다."

"금으로 바꿀 수 있는 은행 지폐는 어떤가?"

"1엔당 1,125캐시로 바꿀 수 있답니다."

1엔당 1,125캐시를 받을 수 있는데 나는 750캐시로 430엔을 바꾸고 있다니!

환전을 중단시키려 했으나 이미 때는 늦었다.

"당신은 손해 본 게 전혀 없소."

"당신을 믿지요. 믿고 말고요." 나는 중얼거렸다.

"좀 기다려 보시지요." 그가 덧붙였다.

나는 기다렸다. 5일이 지나고 나서 던은 정부의 지시에도 불구하고 620에 샀다.

"그것 보세요, 내 말이 맞았지요?" 쿤 씨가 말했다.

그리고 우리는 같이 식사를 하러 갔다.

"당신은 운 좋게 아주 좋을 때에 샀어요." 머핏 박사가 말했다. "작년 1월에 나는 1,180에 샀는데 당신은 750에 샀고 던은 620에 샀지요. 당신들이 다시 사야 할 때쯤이면 엔은 500으로 떨어질 거예요."

"그게 바로 지금 평양에서 거래되는 군사 화폐의 시세랍니다." 누군가가 말했다.

시청에 안내문이 붙어 있는데 봉산으로 가면 1엔당 열 냥에 바꾸어준다고 적혀 있다고 했다.

'그렇다면 1,000캐시인데.' 나는 생각했다.

봉산은 남쪽으로 80킬로미터 떨어진 곳인데 같은 지폐가 평양에서는 500캐시의 가치밖에 없었다.

"운산에서는 캐시나 냥을 취급하지 않아요." 평양에서 북쪽으로 150킬로미터 떨어진 마을의 광산에서 온 영국인이 말했다.

쿤 씨가 그를 쳐다보았고 그도 쿤 씨를 쳐다보았다.

"당신을 믿어요, 믿지요"라는 말이 떨리는 입술 사이로 나오려고 했으나 간신히 입을 다물고 말을 삼켰다.

결국 나는 은화 9킬로그램과 니켈 15킬로그램을 보물함에 잔뜩 싣고 평양을 떠났다. 나는 이것들의 무게를 생각할 때마다 부자가 된 기분이었으나 그것들의 가치가 어느 정도인지는 전혀 알 수 없었다. 나는 달걀 세 개에 1,500 조선 센트를 준다. 그것이 니켈 세 개의 가치이며 4분의 3냥이며 75캐시라는 것은 안다. 그러나 달러로 환산해서 얼마나 되는 것인지는 알 수가 없다. 나는 종이가 부족했기 때문에 감히 환율을 계산하는 데 종이를 낭비할 엄두가 나지 않았다. 그러나 종이가 아무리 많다 하더라도 내가 계산을 해내는 것은 불가능하다고 본다. 어쨌든 나는 쿤 씨를 믿고 신뢰하는 데 무엇 때문에 굳이 계산을 하겠는가?

11 전쟁을 겪는 조선인

1904년 3월 12일, 순안

　러시아로 향하는 길, 즉 만주로 가는 길에서 평양으로부터 25킬로미터 떨어진 곳에 자리 잡은 순안이라는 마을에 도착했다. 이곳에서 나는 북쪽으로 갈 수 있는 허가가 나기를 기다리고 있다. 동쪽이나 서쪽, 남쪽으로는 얼마든지 내가 원하는 만큼 멀리 갈 수 있지만 북쪽으로는 100미터만 가도 돌아가라고 사정하는 일본 파수병에게 걸려서 발걸음을 돌려야 한다.

　4,000~5,000명 정도의 주민이 살고 있던 순안은 지금은 거의 텅 비어 있다. 이미 문과 창문이 없어지기 시작했고 집 안은 휑하다.

　1개 중대 병력을 보유한 중대장이 마을을 장악하고 있었다.

매일 저녁 남쪽에서 도착해 그다음 날 아침 다시 북쪽으로 떠나는 병사들에게 숙소를 할당하는 일 외에 모든 일을 맡아서 하는 이가 바로 이 일본 육군 중대장이었다. 물론 이렇게 끝도 없이 이어지는 병사들의 행렬에게 주어지는 집들은 마을 주민들이 버리고 간 집들이었다.

그 마을 주민들뿐만 아니라 그 주위에 살고 있는 주민들도 벌써 피난을 가버린 후였다. 그들은 10년 전 중국군이 들어왔을 때 병사들이 마을을 장악하는 것이 무엇을 뜻하는지 알게 된 것이다. 이번에는 러시아 정찰대가 왔다 돌아갔고 그 뒤를 이어서 일본군이 들어온 것이다. 역사의 소용돌이를 겪으면서 주민들은 산으로 은신처를 옮겼다.

날마다 마을 주민들은 무슨 일이 일어나는지 알아보려고 몇 명씩 오솔길을 타고 내려왔다가 가재도구를 조금씩 가져가고는 했다. 처음에는 값나가는 것들만 가져갔으나 그런 일을 계속하다보니 나중에는 부피가 큰 것들도 가져가게 되었는데, 자리를 둘둘 만 것이라든가 흙으로 구워 만든 커다란 항아리 외에도 나무판자 종류라든가 집에서 쓰던 쇠로 된 도구들까지도 다 가져갔다. 어떤 사람들은 심지어 문짝이나 창문짝까지도 가져갔다. 중국군들이 순안을 점령했을 때 문틀과 창문을 떼어다가 땔감으로 사용했기 때문이다.

조선인의 특성 가운데 비능률적인 점 다음으로 꼽을 수 있는 것은 호기심이다. 그들은 '기웃거리는 것'을 좋아한다. 조선말로는 '구경'이라고 한다. 조선인들에게 '구경'이란, 서양인들이 하는 일종의 연극 관람이며 회의 참석이며 강론 경청이며 경마 구경이며 동물원 나들이이며 일종의 산책과도 같은, 그러니까 전반적인 모든 것이라 할 수 있다. 그것의 가장 큰 이점은 값이 싸다는 것이다. 조선인들에게 '구경'은 최고의 즐거움이다. 아주 사소한 사건이라 할지라도 그것은 '구경'에 해당하므로, 그들은 몇 시간이 걸려도 '기웃거리느라고' 서 있거나 구부리고 앉아 있는 것이다.

순안 사람들은 그들의 재산을 잘 숨겨놓은 데다가 일본 군인들이 자신들을 함부로 대하지 않는다는 것을 알고 나서는 '구경'을 하러 은신처에서 매일 내려왔다. 그들에게 '구경'거리는 끝도 없었다. 그도 그럴 것이 일본 병사들과 군수품들이 계속 지나가는 것을 구경하다보면 중간중간에 나 같은 사람도 볼 수도 있으니까 말이다.

나는 대로변에 있는 빈집에 들어와 머물렀는데, 이 집 문 앞에는 날마다 하루 종일 감탄하느라고 넋이 나간 사람들이 한 무리

씩 몰려들었다. '구경'은 하루 종일 볼 수 있다는 점에서 일본 연극과도 같다. 일본 연극은 막을 내릴 줄 모르니까. 조선의 집들은 문을 열어놓아야 햇빛과 공기가 들어올 수 있도록 되어 있다. 내가 머물고 있는 집도 마찬가지여서 나의 충실한 심복인 만영이가 빛과 공기가 들어올 수 있도록 몰려드는 사람들을 쉴 새 없이 밀어내야만 했다.

내가 만약에 구경꾼들에게 돈을 한 푼씩 지불해야 했다면 막대한 비용이 들었을 것이다. 마찬가지로 내가 1센트씩 받았다면 허스트(William Randolph Hearst) 씨*가 투자한 자본의 배당금이 충분히 될 수 있었을 것이다. 구경꾼들은 아침 식사 전부터 몰려들기 시작했다. 그들은 내가 나와서 세수하는 것을 보고 놀라 경탄을 금치 않았다. 조선인들은 잘 닦지 않는데, 그 점으로 미루어 그들이 놀라는 이유를 가히 짐작할 만했다.

그들은 내 몸놀림 하나하나를 빠짐없이 기억해두었고 내 행동에 관한 모든 정보가 가장 멀리 떨어져 있는 은신처까지 해도 떨어지기 전에 퍼져 나갔다. 내 행동 중의 몇 가지는 대단한 찬사를 받았다. 그들은 왜 내가 이렇게 하고 저렇게 하는지에 대해 끊임

---

* ≪샌프란시스코 이그재미너(San-francisco Examiner)≫ 신문사의 국장이며 사주.

없이 서로 논쟁을 벌였다. 그러나 내가 가장 인기 있었던 때는 면도를 할 때였다. 만영이가 뜨거운 물을 날라다 주고 내가 얼굴에 비누칠을 하자 많은 사람들로 길이 막혀 행진하는 군대가 구경꾼들을 밀치고 나가야 할 정도였다. 마치 선거 결과를 발표한 일간신문 공고판 앞에 군중이 몰려 있는 것 같았다.

나는 이제 사생활을 지키며 은밀히 살 수 없다. 먹는 것에서부터 자는 일까지 나의 모든 행동이 공개적으로 이루어졌다. 그 한 예로 어제 피부가 이상하게 가려워서 혹시 빈대가 있는지 살펴보려고 햇빛이 좀 더 잘 드는 문쪽으로 가까이 가자 구경꾼들 속의 맨 앞줄에 앉은 한 남자가 만영이에게 말을 거는 것이었다. 나는 그가 그 방면에 조예가 깊어 뭐라고 조언을 해주는 것으로 알았지만 천만의 말씀이었다. 만영이가 이렇게 말했다. "이 사람은 양반인데 아주 친절한 분이에요. 당신더러 자기 집에 와서 살래요. 집이 아주 깨끗하다고 합니다." 나는 그를 자세히 살펴보았다. 그는 때가 묻지 않은 흰옷을 차려입고 있었고 얼굴도 깨끗했으며 균형 잡힌 몸매로 보아 좋은 가문 출신임에 틀림없었다. 그의 집은 대로변에서 아주 멀리 떨어져 있다고 했는데, 그것은 내 조건에 맞지 않아서 속옷을 갈아입으며 정중하게 그 청을 거절했다. 그것이 나로서는 처음으로 양반계급과 가진 가장 은밀한

면담이었다.

햇빛이 시베리아에서 오는 찬바람을 누그러뜨려 주는 오후면 나는 곧잘 말을 타고는 한다. 북쪽 방향으로 이동 허가를 받은 100미터가량 말을 타고 가보면 어느새 일본 보초병이 나타나 다시 돌아가 달라고 요청한다. 나는 동쪽으로 방향을 돌려 마을의 기슭을 따라 데시마 대위를 만나러 간다. 그는 나의 감시자이다. 그는 내게 항상 "very sorry"라고 말한다. 하긴 일본에 도착한 후로 그 사람들 모두가 내게 그렇게 말하고 있긴 하다. 나는 일본말을 열 개 남짓 알고 그는 프랑스어를 할 줄 안다. 그러니까 데시마 대위가 내 문제에 대해 어떻게 생각하는지 알아내려면 나는 결국 통역에게 의지할 수밖에 없다.

어쨌든 나에 대한 그의 태도는 변함이 없다. 그는 내가 언제 찾아가든 항상 미안해하며 게다가 공손하기까지 하다. 그는 말에게 줄 사료를 할당해주고 하인들에게 줄 쌀과 간장과 고기도 배급을 타주며 그가 전해도 되는 정보는 다 말해준다.

오늘 나는 모든 외국인과 기자가 평양에 붙들려 있다는 소식을 들었다. 던이 북쪽으로 더 올라갈 수 있는 허가를 받기 위해 평양으로 되돌아갔기 때문에 나는 지금 혼자 순안에, 그러니까 제일 북쪽에 있다. 그뿐 아니라 던이 순안까지 되돌아올 수 없을지 모른다는 말도 들었다. 그 모든 것이 사사키 장군에게 달려 있는데, 그가 통행증을 줄 수도 안 줄 수도 있었다.

나는 데시마 대위의 관할 부대를 떠나 외딴곳에 위치한 시골 전화국을 향해 말을 달렸다. 그곳에서 적십자에서 나온 의사를 만난 후, 동쪽으로 방향을 돌려 옛날에 중국 관리들이 살던, 이제는 황폐해진 관아를 끼고 조용한 마을을 가로질러 달렸다. 집들에서는 단 한 줄기의 연기도 솟아나지 않았다. 생명체의 흔적이라고는 마을을 맴도는 한 무리의 개들밖에 없었다.

조선의 개들은 꼭 개와 이리를 섞어놓은 것 같다. 조선 개에서 유럽 개의 흔적을 찾을 수 있는데, 좌우지간 어떤 개라 할지라도 이리의 모습은 남아 있다. 바로 그 점이 조선 개의 전반적인 특성이다. 개라는 종족이 살아남기 위해서는 이리의 성격이 압도적이어야 했을 것이다. 왜냐하면 조선 사람은 아시아 민족이기 때문이다. 그들은 부드러움과 관용이 부족하다. 동물에 대해서는 특히 그렇다. 그들은 개를 먹는다. 배고파서 먹는 것이 아니라 위장을 즐겁게 하기 위해, 즉 별미로 먹는다. 그들에게 어린 개는 서양인의 입장에서 어린 양과 같은 것이며 다 큰 개는 우리가 매일 먹는 양과 같은 것이다.

대부분의 개들이 클론다이크 지방에서 썰매를 끄는 개와 마치 형제처럼 닮았다. 이곳 텅 빈 순안에 있는 개들도 클론다이크의 개와 비슷한 점이 약간 있다. 그리고 허드슨 만에 사는 개와 비슷한 것도 있는데, 그러니까 클론다이크의 개보다 조금 크고 몸집이 있고 힘이 세며 털이 짧다.

마을의 중심지뿐만 아니라 멀리 떨어진 변두리까지도 텅 비어 있다. 들판에 허리를 굽히고 일하는 농부는 물론이고 산등성이에 나무를 줍는 사람 하나 보이지 않는다. 그러나 산속의 은신처로 향하는 오솔길은 피난민의 발자국으로 늪지가 되고 말았다. 흰옷을 입어 꼭 유령처럼 보이는 사람들이 '구경'을 하러 마을로 내려왔다가 아직까지 남아 있는 문이나 창문을 들고 가는 모습이 가끔 눈에 띌 뿐이다.

그러나 모든 것의 중심지이며 소란스러운 곳이 있는데, 그곳은 바로 내가 살고 있는 거리이다. 그 길은 베이징으로 향하는, 즉 만주로 가는 길이며 도로의 폭이 6미터나 되는데 모든 일이 바로 내가 사는 집 앞에서 일어난다. 오후에 내가 사진기를 들고 나가면 모든 순안 사람들은 놀라기도 하고 흥분하기도 하며 반가워하기도 한다. 놀라움은 개인적이고 흥분과 즐거움은 대중적이다. 희생물로 내가 선택한 인간은 벌벌 떨며 겁에 질려 대중의 환호를 받으며 나온다. 선택된 자만 빼놓고 모든 사람이 나의 선택에 열렬한 지지를 보낸다.

한번은 다른 사람의 책동으로 신랑을 카메라 앞에 세워놔야 했던 적이 있었는데 그는 놀라서 발버둥치며 울었다. 그의 더러운 얼굴에 남아 있는 하얀 눈물 자국은 그가 얼마나 겁에 질렸는지 잘 나타내주었다. 그 새신랑은 이제 겨우 열 살밖에 되지 않았지만 어엿한 남자였다. 왜냐하면 조선에서는 결혼을 하지 않은 남성을 진정한 남자로 여기지 않았기 때문이다. 총각으로 있는 한 남자는 소년에 불과했고 머리를 길게 땋아서 등 뒤로 내려야 했다. 열 살 아니라 다섯 살밖에 안 되었어도 결혼을 해서 남자가 되면 머리를 위로 틀어 올릴 수 있는 특권이 있었다.

만영이는 나의 사진 찍는 기호를 완전히 파악해서 내가 원하는 모든 소재를 열성을 다해 잡아왔다. 한 피난민이 애를 업고 가구를 머리에 인 채 순안을 지나 남쪽으로 가고 있었다. 만영이는 재빨리 그를 잡아왔는데, 그 남자와 아이는 마치 목숨을 위협받기라도 한 것처럼 울부짖었다. 그 남자는 흐느끼면서 자신은 남에게 어떤 해도 끼칠 사람이 아니며, 돈도 없고 가진 것도 없는 불쌍한 사람이라고 말했다. 그의 눈물과 흐느낌은 그가 카메라의 렌즈를 쳐다보도록 몸을 돌리게 했을 때 절정에 달했는데, 왜냐하면 그는 번쩍이는 카메라가 자신의 목숨을 빼앗아 갈지도 모른다고 생각했던 것이다.

만영이의 열성이 항상 성공적인 것만은 아니었다. 한번은 그가 머리에 이불을 뒤집어씌어 애를 업고 가는 피난민을 잡아왔는데, 이불을 벗겨보니 아이가 천연두를 심하게 앓고 있는 바람에 이불을 얼른 다시 뒤집어씌운 적도 있었다.

밤이 되면 그 '구경'은 끝이 나고 모여든 군중은 다 흩어진다. 하지만 군대의 물결과 짐을 실은 소와 말과 마부의 행렬은 계속된다. 그리고 밤늦게 이불 속에서도 삐그덕거리는 바퀴 소리며 지친 소가 우는 소리, 망아지가 우는 소리, 마부의 욕설과 고함 소리, 규칙적인 말발굽 소리, 얼어붙은 진흙 위를 걷는 군화 소리 등 인간과 짐승들이 그들을 기다리고 있는 러시아 군대를 향해 가는 소리가 들린다.

12장 일본 병사들의 고통

1904년 3월 13일, 순안

프랑스의 의료진은 프랑스군의 경우 전쟁에 동원된 지 2주 후에는 부상당하는 경우를 제외하고도 피로와 발의 통증으로 10만여 명이 병원에 입원하게 될 것이라고 추정했다. 즉, 총격전이 시작되지 않았다 할지라도 병사들은 생각지도 않은 수많은 고통 앞에 직면하게 되는 것이다. 연약하고 강인하지 않은 사람일수록 고통이 더 큰 법이다.

통치 말기에 나폴레옹은 강제로 징집해온 신병들에 대해 이렇게 불평했다. "그들은 그들의 시체로 나의 길을 막고 있다."

현대의 병사들과 과거의 전사들 간에는 비교할 만한 것이 없다. 현대식 전쟁이 예전의 전투와 다른 것처럼 말이다. 줄루족 같은 유목민들은 운송 장비가 없었으며 스스로 자기편 부상자들을 처리해야 했다. 몽골족과도 비교할 수가 없다. 그들은 가죽으로 만든 발판에 발을 고정시키고 등에 짐과 무기를 지고 말을 타고 다녔으며, 서양의 바이킹족들은 그들이 사는 척박한 땅으로부터 탈출을 모색하려고 식량이 풍성한 해변가를 침략했는데, 이때 긴 배에 여러 통의 신선한 물만 싣고 다녔다.

예전에는 생활이 단순했고 전쟁 또한 마찬가지였다. 어떠한 예비 교섭도 없었다. 신호라고는 탑 위에서 망을 보고 있던 자들의 고함 소리나 해안가로 비치는 신호탄의 불빛이 고작이었다. 전투는 곧바로 시작되었다. 그러나 요즘에는 사회도 변화했고 전술도 달라져서 공식적으로 전쟁이 시작되기 전까지 매우 오랜 시간이 소요된다. 병사를 모집하는 데도 오랜 시간이 걸리는데, 그 이유는 군대의 규모가 크기 때문이 아니라 그들이 갖춰야 하는 장비가 막대하기 때문이다.

병사들은 군대가 점령한 지역에서 당장은 생존할 수 있다. 하지만 화약과 포탄과 총알이 곧 소모될 것이기 때문에 이들을 후방과 단절되게 내버려둘 수는 없다. 예전에는 전사가 섭취하는 영양분에 따라 그의 몸 안에서 사람을 죽이는 힘이 생성되었다.

전사는 가까운 숲에서 자른 나무를 다듬어 활을 만들었고 말의 꼬리털로 만든 줄이나 먹기 위해 죽인 소의 가죽으로 끈을 만들어 사용했다. 성 하나를 공격하려면 전사들은 우선 말뚝을 박고 주위 언덕의 돌무더기 안에서 군수품들을 발견해 그 자리에서 공격 수단을 만들었다. 그러나 오늘날에는 사람을 죽이는 에너지가 커다란 공장 안에서 화학자들에 의해 만들어지고 있으며, 병사들이 직접 그것을 몸에 지니고 다녀야 한다. 이곳 조선에서는 일본군이 상륙한 지 6주가 지났으나 단 한 명의 정탐군이 죽었을 뿐이다. 또한 앞으로 다가올 6주 내에 일본군과 러시아군 사이에 커다란 전투가 있을 것 같지는 않다. 그런 동안에도 양쪽 모두는 전투를 위한 준비를 멈추지 않을 것이다.

전쟁의 방식이 변한 것과 마찬가지로 병사를 둘러싸고 있는 환경도 변했다. 20세기의 병사는 중세의 병사와 전적으로 다르다. 중세의 경우 병사의 임무는 싸우는 것이었으며 전쟁이 사람의 수명보다 더 길게 이어지는 수도 있었다. 오늘날의 병사는 그가 전장(戰場)으로 투입되기 전까지는 전투와는 관계없이 평화롭고 부지런하게 산다. 새로 징집된 병사들은 전투 경험도 없을 뿐더러 무거운 짐을 등에 지고 오랫동안 행군하는 훈련을 받은 적도 없을 것이다. 게다가 직업군인에 비해 인내력도 약하고 피를 보는 것에도 예민할 것이다.

프랑스 병원 측은 바로 이러한 이유들 때문에 행군한 지 2주쯤이면 지치고 발을 저는 병사 10만 여 명이 병원에 가득 찰 것이라고 말한 것이다. 바로 이런 이유로 나는 가장 적합한 때를 택해 순안에서 가장 바쁜 의사를 방문하기로 했다. 순안에는 총 12사단에 100여 명이 넘는 병사들이 주둔하고 있었다. 그들은 적합한 군인이 되기 위한 훈련을 받고 있었다. 그들은 하루 종일 험한 들에서 훈련을 받았는데, 땅에 팽개쳐졌고 진흙 속을 기었으며 저 멀리 언덕에 있는 가상의 러시아군들을 공격해야 했고 빨리 퇴각하며 싸워야 했으며 도랑을 건너 접근하기 어려워 보이는 정상에 기어올라 가야 했다. 병사들은 훈련을 받으면서 숨을 헐떡였고 엄청나게 많은 땀을 흘렸다. 그들 대부분은 예비군으로서 그들이 받는 훈련은 훈련 내내 등에 짐을 지고 있어야 하는 한마디로 지옥 훈련이었다.

오후 훈련이 끝나면 병사들은 진료를 받으러 가야 했다. 나는 바로 그때 갔는데, 의사는 가로 2미터, 세로 2미터 되는 방에서 조수와 비서 한 명을 데리고 등을 구부린 채 있었다. 병사들은 비서가 자신의 이름을 부를 때까지 밖에서 기다려야 했다. 그들 대부분은 소환장에 이름이 적혀 있기 때문에 온 형식적인 환자들이었다. 두 시간 동안 나는 어깨를 구부리고 의사의 어깨 너머로 병사들을 관찰했다. 추위 때문에 탈이 난 위장병 환자들과 이질 환자들이 있었다. 또 감기에 걸린 병사들도 있었다. 의사는 땅에 수북이 쌓인 가루약이 든 봉투들을 그들에게 집어주었다. 제물포에 착륙한 이후 병원에 실려온 병사가 몇 퍼센티지나 되는지를 묻는 나의 질문에 의사는 "약 0퍼센트"라고 대답했다.

그렇다면 병사들의 발의 상처는 어떻게 된 것인가! 적어도 환자의 90퍼센트가 발에 상처를 입고 있었다. 그들의 발의 상처는 너무나 끔찍했다! 병사들은 상처가 아물지 않은 상태로 매일 걸어야 했다. 상처가 얼마나 크던지 10센트짜리 동전이 들어갈 정도였으며, 상처 가장자리에는 굳은살이 박혀 있고 여기저기 부스럼투성이었다. 발꿈치 쪽에는 5센티미터 정도의 살이 떨어져 나가서 보이지 않았으며, 발바닥에는 군데군데 못이 박혀 있었다. 어떤 병사는 새끼발가락이 아주 뭉그러져 있거나 발가락에 구멍이 나서 그 안으로 손가락이 들어갈 정도였다. 적어도 반수 이상은 발에 두 가지 상처가 있었으며 그 중에는 여섯이나 일곱 가지 이상의 상처가 있는 자들도 있었다.

이런 와중에도 의사는 사담이나 농담을 연발하기만 했다. 병사들이 훈련을 면제시켜달라고 부탁하면 의사는 거절하면서 이렇게 말했다. "전에는 일개 보충병에 지나지 않았지만 지금 당신은 현역 군인입니다. 행군한 경험이 없기 때문에 발이 아픈 거예요. 걷는 법을 배우면 발이 안 아플 겁니다." 또 그는 아주 고통스러운 수술을 받고 난 후 동료들에게 부축을 받고 서 있는 환자에게 이렇게 말했다. "왜 신음 소리를 내는 겁니까? 병사는 신음 소리를 내지 않는 법입니다. 당신들이 러시아군과 싸우러 간다는 걸 잊지 마세요." 그러면 수술을 받고 난 병사는 휘청거리는 것을 멈추고 이성을 되찾았다. 의사는 또 다른 이에게 이렇게 말했다. "이따위 하찮은 상처 때문에 그렇게 끙끙 앓는다면 어떻게 전쟁을 치르겠습니까?"

평생 게다를 신고 살아온 이 남자들은 국가의 부름을 받고 두꺼운 가죽으로 만든 유럽식 군화를 신어야 했다. 발 치수도 맞지 않는 것이 허다했다. 내내 게다를 신어온 사람들이 발과 다리를 움직이는 방식은 항상 구두를 신고 사는 사람들의 방식과는 차이가 있다. 군화가 발에 적응이 되고 잘 맞는다 해도 발과 다리를 움직이는 방식 때문에 발이 부르트고 찢어진다는 것을 알 수 있었다.

난생처음으로 300킬로미터를 행군하는 동안 이 불쌍한 '발 환자'들이 부드러운 게다를 신고 행군하는 꿈을 꾸는 것은 당연했다. 그러나 그것은 부질없는 꿈에 불과했다. 왜냐하면 게다를 신는 것은 군대의 규율에 어긋났기 때문이다. 그렇지만 발에 심한 상처가 있는 자들은 의사의 허가하에 게다를 신을 수 있었다.

물론 예비군들이 발을 잘 관리하지 못하는 것은 경험 부족 때문이라는 의사의 말에 나도 동의한다. 그러나 그 경험에서 나오는 지혜는 하루아침에 얻을 수 있는 것이 아니다. 일본군들은 상처의 고통을 덜려는 노력은 하지도 않고 상처를 씻지도 않은 채 아픈 발을 끌고 매일 계속해서 지독하게 걸었다. 행군을 시작한 이후로 일본인들이 평소에 자주 하는 목욕도 못하고 몸도 제대로 돌보지 못하는 게 사실이라고 의사는 말했다. 이 때문에 많은 일본 병사들이 피부병으로 고생하고 있다는 것을 밝혀두어야겠다. 이 병은 가죽 혁대와 배낭에 쓸려서 생기는 것이며, 몸을 닦지 않아서 생기기도 한다고 의사가 설명해주었다. 그는 병사들에게 목욕을 하라고 끊임없이 충고한다고 덧붙였다. 또한 자기가 군부의 고위층에게 병사들이 가능한 한 자주 목욕할 수 있도록 하는 것이 좋다는 의견서를 보냈다고 알려주었다.

만약에 내 발이 내가 본 병사들 발의 반만큼만 아팠어도 나는 손상된 피부가 회복되도록 하루나 이틀쯤 드러누워 쉬었을 게 틀림없다. 그러나 다음 날, 나는 '발 환자'들이 끔찍한 고통을 참아가며 논을 지나 산꼭대기를 향해 공격을 하고 있는 광경을 목격했다. 이는 어깨와 팔의 근육에 파괴적인 에너지를 지니는 대신 무거운 탄약통을 지고 다니는, 군화를 신어보지 못한 20세기의 병사가 치르는 대가인 것이다.

그들은 오후 몇 시간 동안 자신들의 발을 고문하고 나서 치료를 받으러 의사를 다시 찾아간다. 의사는 고약과 간단한 약을 발라주고 반창고를 붙여주는데, 치료는 그걸로 끝이다. 이 치료 행위는 칭찬받을 만하며 아주 좋은 일이다. 그렇지만 나의 마음속에서는 그렇게 생각할 수만은 없다는 의구심이 생겼다. 훌륭하고 아름다운 것들을 실현시키는 이성적인 창조물인 인간을 살펴보자. 인간은 자연의 힘을 지배해 그것들이 인간을 위해 일하게 했고, 설탕의 무게를 저울에 재듯 태양의 무게를 쟀으며, 조선인들이 사는 마을과 마을 사이의 거리를 재는 것보다 더 정확하게 별과 별 사이의 거리를 측정했다. 윤리적인 분야에서도 인간은 놀라운 결과를 얻어내서 사회적 관계에서 어떤 것이 좋고 나쁜 것인지 정확하고 정교하게 결정했다.

이렇게 하고 난 인간은 자신의 지능, 통치체제와 세금 제도를 전쟁용 기계를 만드는 데 사용한다. 또한 다른 인간을 택해 그에게 의학을 가르친다. 그는 상처를 치료하고 고통을 덜어주는 전문가가 된다. 그리고 그는 다른 많은 사람, 많은 전쟁 기구와 함께 베이징으로 가는 길을 통해 만주로 가도록 조선에 파견된다. 그 의사의 임무는 이 여정에서 생기는 병사들의 고통을 극소화시키는 것이다. 이 모든 것의 목적은 다른 사람들 그리고 다른 전쟁 기구와 함께 만주에서 그들을 기다리고 있는 러시아인들을 최대한 괴롭힐 수 있게 돕는 것이다. 간단히 말해서 그 의사는 적에게 해를 끼칠 수 있도록 아군의 병사들을 간호해야 한다. 반대편에서 러시아인 의사들도 똑같은 일을 하고 있다. 인간과 동물의 가장 커다란 차이점은 인간에게는 민족주의가 있다는 것이다. 인간의 전쟁과 동물의 싸움 간에 다른 점은 생존이다. 즉, 인간의 전쟁의 경우에는 죽이는 기계가 있고 고치는 의사가 있다는 것이다. 목적은 같다. 죽이는 것, 빨리 죽이는 것, 되도록 많이 죽이는 것이다.

13 머핏 박사

1904년 3월 13일, 순안

평양에는 아주 오래전부터 미국인 선교사 한 분이 살고 있는데, 그는 바로 머핏 박사이다. 사람들이 그에게 '마 목사'라는 현지 이름을 지어주었다고 들었는데, 후일 그것이 내게 큰 도움이 되었다. '마 목사'는 조선인이 발음하기 어려운 이름인 '머핏'을 조선말로 부른 것이다.

순안에서 남쪽으로 가는 조선인 배달부가 내게 편지를 한 통 전해주었는데, 그것은 운산에 있는 미국 광산에서 온 것이었다. 배달부는 영어를 한 마디도 할 줄 몰랐고 나는 조선말을 한 마디도 못했다.

"평양?" 나는 그가 평양으로 가는지 알아내기 위해 갖은 몸짓을 해가며 물어보았다. 그가 긍정적인 표정으로 머리를 끄덕였다. 나는 "머핏 박사, 평양"이라고 말하며 편지를 건넸다. 그는 알아듣지를 못했다. 나는 다시 한 음절씩 또박또박 발음했다. 그러나 그는 여전히 알아듣지 못했다. 우리는 길 한복판에서 서로 알아듣지 못하는 상태로 우두커니 서 있었다. 북쪽에서 불어오는 찬바람이 눈보라와 함께 휘날렸다. 나는 만영이가 있는지 보려고 베이징으로 통하는 도로를 쳐다보았지만 그의 모습은 보이지 않았다. 만영이는 심부름꾼의 진주라고 할 수 있다. 그와 함께라면 나의 영어는 비록 단순해지기는 할지언정 항상 좋은 결과를 얻을 수 있었다. 하지만 그는 짐바리 짐승들과 함께 저 뒤에 떨어져 있었다.

그래서 나는 조선인 배달부 쪽으로 돌아서서 그를 노려보았다. 그도 똑같이 응수했다. 내가 몸짓을 보탰다. 그도 마찬가지였다. 우리는 얼굴을 찌푸리기도 하고 공중에 대고 커다랗게 손가락질을 하기도 했다. 우리는 서로의 말을 알아듣고 싶어서 동시에 말을 하기 시작했다. 나의 영어와 그의 조선말이 서로 경쟁을 벌였다. 우리는 동시에 소리를 지르다가는 동시에 조심스러운 침묵의 순간으로 들어가기도 했다. 실망한 내가 포기하고 돌아서서 갈 길을 가려고 하자 그는 내 말을 알아내고 싶은 열망을 도저히 참을 수가 없었던지 간청하며 쫓아왔다. 그래서 나는 말에서 내려 다시 처음부터 설명하기 시작했다.

그가 포기하고 남쪽으로 떠나려 했을 때 이번에는 내가 그를 명령조로 불러 세우고 세 번째 시합을 벌이기 시작했다. 결국 우리의 얼굴에는 도저히 안 되겠다는 표정이 떠올랐고 시합은 마무리될 참이었다. 그때 불현듯 가지고 있던 수첩이 기억났다. 거기에 머핏 박사의 이름을 조선말로 써놓았던 것이다. 내가 수첩을 꺼내자 그 남자는 나를 회의적인 눈으로 쳐다보았다. 그는 자기가 내 말을 도저히 알아들을 수 없다는 확신에 차 있었다. 이제까지의 정황상 그럴 것이 확실했기에 그는 떠나려고 돌아섰다. 그러나 나는 그의 팔을 붙들고 수첩을 뒤적여가며 열심히 찾았다. 그리고 나서 조용하고 조심스럽게, 그러나 분명하게 '마 목사'라고 발음했다.

그러자 그의 얼굴 표정이 확연히 바뀌면서 확실히 알았다는 표정이 떠올랐다. 나는 모든 것이 다 잘된 것을 알고 그에게 편지를 건넸다. 편지는 그날로 목적지로 배달되었다. 그 후부터 나는 그 마술 같은 이름인 '마 목사'를 내 수첩뿐만 아니라 머릿속에도 간직하게 되었다.

그 이름은 내가 만나는 조선인들의 절반 정도와 나를 연결시켜주는 '열려라, 참깨!'의 역할을 했다. 어제 나는 순안 주민들이 하도 밟고 다녀서 무릎까지 올라오는 진흙구덩이의 길을 말을 타고 달리다가 산모퉁이에 교묘하게 감추어진 마을을 우연히 발견했다. 아이들이 나를 보자 도망을 갔다. 아마도 러시아인인 줄 알았던 모양이다. 조금 있으니까 어른들이 조심스럽게 다가왔다. 그들은 일종의 보안대인 것 같았다. 그들은 불안한 얼굴로 조심스러운 몸짓을 하며 나를 보고 떠나라고 했다.

나는 그들의 우두머리의 눈을 바라보며 "마 목사"라고 말했다. 그러자 곧 굉장한 호의가 담긴 표정이 얼굴에 나타났다. 그와 온 마을 사람들은 팔을 벌려 나를 반겨주었다. 그들은 나더러 말에서 내려 집 안으로 들어가자고 정중히 초대했다. 이 초대는 나의 말에게도 해당되었다. 그들은 내가 금방 떠나는 것을 원치 않았다. 드디어 간신히 그들의 만류를 뿌리치고 내가 떠나게 되자 마을 사람 전부가 순안으로 가는 길모퉁이까지 배웅을 나왔다.

이런 경험이나 그 외의 여러 가지 일들을 미루어 볼 때 머핏 박사는 자신의 이름을 부끄러워할 염려가 없을 뿐만 아니라 오히려 그의 조선 이름이 갖고 있는 명성으로 자만에 빠질까 두려워해야 할 정도였다.

오늘 우리 집에 손님이 찾아왔었다. 그는 산모퉁이 작은 마을의 촌장이었다. 신발을 벗고 들어와 돗자리 위에 앉은 그가 "마 목사"라고 말했다. 그것은 나의 마음을 뜨겁게 하는 마술 같은 단어라 만영이를 찾으러 사람을 보냈다.

나를 찾아온 손님이 말하기를 초기에 겁에 질렸던 순안 사람들이 다시 마을로 돌아오기 시작했다는 것이다. 어쨌든 숫자는 얼마 안 되지만 비워놓았던 자신들의 집으로 돌아왔다는 것이다. 일본군들이 마을에 들어왔던 초기에는 주민들을 때리고 학대했으나 상관들이 명령을 내려 그 못된 행위들이 즉시 중단되었던 것이다. 게다가 순안 주민들은 돈을 벌기 시작했다.

일본인들은 그동안에도 그들이 가지고 가는 것에 대해 돈을 지불해왔지만, 백성들은 이제야 이익을 챙길 수 있었다. 전에는 일본 관료들이 마을의 수송을 맡았던 '일인자', 즉 중개인을 통해서 물건을 사들였는데 바로 그가 이익을 가로챘던 것이다. 정확히 말하자면 받은 돈의 3할은 백성들에게 주고 그 나머지는 자기가 챙겼던 것이다.

만영이가 말하는 '일인자'는 '군수'를 가리킨다. 그는 박순성이라고 하는 악명 높은 '양반'으로서, 이를테면 귀족이면서 도둑놈이다. 양반들은 모두가 도둑이었다. 백성들은 그들이 자신들의 것을 으레 빼앗아 가는 것으로 알고 있었다. 백성들은 지배계급이 도둑놈이라는 사실 외에는 아는 바가 없었다. 도둑질에도 단계가 있는데, 지배계급의 도둑질은 그들이 말하는 바에 따르면 강탈의 단계인 것이다. 그것은 절제 있고 합법적인 강탈이었다. 그렇게 합리적인 방법으로 도둑질한 군수는 자기 부하들로부터 칭송을 받아 그가 떠날 때 부하들은 마을의 문 근처에 그가 절제 있게 도둑질한 것을 기념하는 비(碑)를 마련해주었다.

하지만 박순성은 그렇지 못할 것이다. 내가 그 촌장과 담화를 하는 동안 한 무리의 순안 주민들이 우리 집 문 앞으로 몰려와 그의 말에 동의를 표했다. 그들은 박순성이 일본 관료들에게 돌려받을 자기들 몫의 70퍼센트를 차지했다고 입을 모아 말했다. 그렇다. 지금은 그가 돈을 벌고 있는 것이 사실이다. 그러나 그것은 그가 일본인들과 직접 거래를 했기 때문이다. 지금까지 박순성은 엄청나게 도둑질을 해왔다. 하지만 일본인들이 떠나면 백성들이 봉기해 그를 죽일 것이다.

만영이가 그들의 불행을 통역해주자 그들은 점점 분노가 치밀어 오르는지 검게 그을은 피부가 더욱 검게 변했다.

"백성, 매우 가난합니다."

만영이가 나의 주의를 끌며 말했다. 내가 별로 개의치 않자 그가 잠시 후에 다시 말했다.

"백성들은 매우 가난합니다."

나는 열려 있는 문을 통해 들려오는, 이구동성으로 불평하는 주민들의 말을 계속 통역하도록 시켰다. 결국 더 이상 자제할 수 없게 되자 만영이가 단도직입적으로 내게 말했다.

"선생님, 일인자를 만나보시지요."

나는 만영이가 얼마만큼 나의 능력과 대담성을 믿었는지 모른다. 하지만 그가 짧은 시간 동안 알아낸 것은 공정함이란 백인들에게만 해당되는 특권이고 백인들만이 얻어낼 수 있는 것이라는 점이다. 그는 눈길을 돌리지 않았다. 그는 나를 정면으로 바라보았는데, 그의 눈길에는 도발적인 애원도 섞여 있었다.

나는 그 자리에서 바로 대답하지는 않았으나 조선에 관해 이사벨라 버드 비숍이 쓴 책을 참고자료로 읽어보았다. 그녀는 책의 86쪽에 군수를 방문한 경험에 대해 묘사해놓았는데, 그것은 그녀가 만난 다른 모든 군수와도 같은 하나의 실례였다.

모든 면에 불친절한 관료 한 명이 밀러 씨와 나를 붙잡아 예의를 전혀 갖추지 않고 두 개의 작은 방으로 데려갔다. 좀 더 안쪽에 위치한 방에 사또가 몇몇 노인들과 함께 바닥에 앉아 있었다. 우리는 바갚쪽에 위치한 방으로 안내되었는데 우리 뒤에는 한 무리의 군중이 들어오려고 서로 밀치고 있었다. 나는 고개를 깊숙이 숙여 인사했다. 아무도 본 척을 안 했다. 시중드는 하인이 사또의 파이프에 불을 붙여주었다. 그 파이프는 어찌나 긴지 혼자는 불을 붙일 수도 없을 것 같았다. 그는 담배를 피우기 시작했다. 밀러 씨가 안부를 물었다. 그는 대답이 없는 것은 물론이고 눈썹 하나 까딱이지 않았다. 밀러 씨가 우리가 방문한 목적에 대해 설명했다. 우리는 이 지방에 관한 몇 가지 정보를 얻고 싶노라고 말했다. 그 위대하신 분은 그저 퉁명스럽게 대답을 하고 나서는 돌아서서 그 중 한 부하와 말하기 시작했다. 그 대화 중에 불쾌한 단어가 몇 마디 들려서 우리는 조선인들의 일상적인 인사말을 던지고는 나왔다. 그들은 인사조차 하지 않았다.

나는 읽던 책을 덮었다. 만영이는 여전히 나를 지켜보고 있었고, 그의 눈에서는 선동적인 눈빛이 사라지지 않고 있었다. 불타는 그의 검은 눈동자 앞에서 내 체면을 살리는 것도 중요했고 또한 이사벨라 버드 비숍 부인의 일도 있었다. 그녀를 대신해 복수를 할 수 있을 테니까. 나는 대일본제국 황제의 명령으로 외딴 순안 마을에서 꼼짝도 못하고 전쟁터 쪽으로는 몇 킬로미터도 못

나가고 있었지만 든든한 배경이 있었던 것이다.

내가 말했다.

"만영이, 양반의 허세가 무엇인지 알아봐야겠어. 관아로 가서 사또를 만나. 내가 2시까지 갈 것이라고 해. 날 기다리고 있지 않으면 내가 무척 화를 낼 것이라고 해, 알았지?"

만영이의 얼굴빛이 바뀌었다. 그의 얼굴이 보름달처럼 빛났다. "네, 선생님." 만영이가 몹시 기뻐하며 말했다. "아주 잘 알겠어요. 지금 곧 가겠습니다."

그러고 나서 그는 배가 바다를 가르며 나가듯이 군중을 헤치고 나갔다.

'오, 이사벨라 버드 비숍 부인.' 나는 생각했다. '만약에 당신이 나처럼 사전에 요청을 했더라면 당신에 대한 대접은 완전히 달라졌을 겁니다!'

하지만 그때는 10년 전이었고, 그녀는 점령군의 보호를 받고 있지 않았다.

두 시간 후에 나는 박순성이라는 관리를 만나러 갔다. 그의 집은 순안 마을을 바라보는 언덕 위에 웅장하게 자리 잡고 있었다. 하지만 상태는 비참했다. 모든 것이 폐허였다. 이사벨라 버드 비숍 부인이 묘사해놓은 것과 너무나 똑같았지만 지난날의 빛나는 유적의 잔해만 남아 있었다. 창틀 사이로 찢어진 종이가 휘날렸고 페인트칠이 벗겨져 있었다. 나는 책에 묘사된 것과 같은 두 개의 방으로 안내되었는데, 박순성은 더 안쪽에 위치한 방의 방석 위에 앉아 있었다.

그 광경은 어딘지 모르게 친숙한 구석이 있었다. 이미 이사벨라 버드 비숍 부인의 눈을 통해 본 광경이었다. 사또를 둘러싸고 노인들이 앉아 있는 모습하며 그의 교만한 태도하며 나를 쳐다보지도 않으려는 모습하며 그의 거만함과 내 뒤로 밀려드는 군중도 다 똑같았다. 하지만 나는 이사벨라 버드 비숍 부인을 괴롭혔던 그 모든 것을 이겨내리라고 마음먹었다. 그뿐만 아니라 나는 마치 박물관의 유물처럼 방 입구에 세워져 구경거리가 되는 것을 피하려고, 허락도 없이 걸어가서 박순성 옆에 놓인 방석 위에 앉았다.

사또를 둘러싸고 있던 사람들이 아연실색했다. 일부러 무관심한 척하던 박순성도 곁눈으로 나를 힐끗 쳐다보지 않을 수 없었다. 그는 한 마디도 하지 않았다. 몰려드는 군중에게 둘러싸인 채 만영이가 우뚝 일어섰다. 그의 머릿속에는 새로운 사상이 꿈틀거리기 시작했는데, 그것은 바로 서양에서 말하는 인권과 같은 것이었다. 그의 머릿속에는 반란 정신과 반항심이 자리 잡고 있었다. 그에게서 아직 미약하지만 프랑스 혁명의 기운이 꿈틀거리기 시작했던 것이다. 그의 마음속에는 양반계급에 대한 미움과 도전이 자리 잡았다. 내가 생각하기에 그의 그런 도전적인 사고는 마치 알의 껍질을 깨고 갓 태어난 딱새가 지나가는 곤충을 처음 만났을 때 주둥이를 놀리는 것과 같은 반사작용의 이치에서 비롯된 것이었다.

나는 만영이가 겁에 질릴지도 모르니 앉으라고 명령해야겠다고 생각했다. 만영이의 행동은 양반처럼 신분이 높고 신성한 사람 앞에서는 극히 이례적인 것이었다. 그는 불안하고 조심스러운 기색으로 주위를 둘러보았다.

"앉게." 나는 준엄하게 말했다. 만영이는 될 수 있는 대로 자리를 덜 차지하는 모습으로 앉았다.

"저들더러 나가라고 해." 나는 사람들을 가리키며 말했다. 만영이는 낮고 공손한 목소리로 그들에게 말했으나 그들이 나가는 것을 보고 힘을 다시 얻는 것 같았다.

"저들도 나가라고 해." 나는 박순성을 호위하듯이 둘러앉아 있는 노인들을 가리키며 말했다.

오! 이사벨라 버드 비숍 부인이 그들이 나가는 모습을 보았더라면!

"내가 당신을 만나러 왔다고 해." 만영이에게 말했다. 나는 그 말을 하지 않으면 안 되었는데, 왜냐하면 그는 기가 막히게도 그때까지 내 존재를 무시하고 있었기 때문이다. 이 말에 박순성은 내가 있는 쪽을 쳐다보았고 공식적으로 나의 존재를 확인했다. 그는 키가 약 180센티미터 정도 되는 것 같았고(나중에 안 사실이지만), 얼룩 하나 없는 흰옷을 입고 있었으며, 몸매는 균형이 잘 잡혀 있었다. 어깨가 넓고 수염이 긴 그는 등대처럼 나를 압도해왔다. 그 큰 키와 자태, 얼룩 하나 없는 옷, 그는 꼭 성전 안에 앉아 있는 중국의 존경스러운 우상 같아 보였다. 그의 손은 마치 여자의 손처럼 희고 부드러워 보였다. 그의 얼굴은 너무 하얘서 피부가 누런 사람이 오랫동안 해를 보지 못한 것처럼 아파 보였다.

그는 나의 안부를 물어보았다. 나도 그를 따라 했다. 우리는 약 5분에 걸쳐 서로 인사를 했다. 이 시합에서는 그가 이겼다. 그것은 항상 그랬다. 그런 면에서는 아시아인들을 당할 수가 없다.

나는 러시아 정찰대가 들어온 것과 그들이 후퇴하고 나서 일본 군대가 들어온 것에 대해 여러 가지를 물어보았다. 그는 대답을 장황하게 늘어놓았으며 시간은 흘러갔다. 이성적인 만영이가 초조해했다.

"선생님." 그가 넌지시 말했다. "선생님은 지금 그 일인자하고 말하고 있습니다. 그는 아주 가난한 백성의 돈을 뺏고 있어요. 그는 늘 빼앗아 가기만 하지 돌려주지는 않아요. 백성은 아주 가난합니다. 정말 아주 가난합니다."

나는 그 문제를 곧 다루려던 참이라고 말하고 그와 대화를 계속했다. 그렇다. 박순성은 일본군에게 연료와 쌀과 사료 등을 대주었고 그 대가로 돈을 받았다. 그는 연료와 쌀과 사료 등을 어디서 얻었는가? 백성에게서다. 그렇다면 왜 그 돈을 백성에게 돌려주지 않는 것인가?

이 질문을 통역할 때 만영이는 복수의 화신과 같은 모습이었다. 그의 목소리는 마치 나팔 소리처럼 그 작은 방 안에서 울려 퍼졌다. 그는 몸을 꼿꼿이 세웠으며 검게 탄 얼굴은 흙빛으로 변했다.

박순성은 화가 치밀어 오르는지 위협적인 눈빛으로 나를 노려보았다. 우리가 한 가지 알아두어야 할 것이 있는데, 그것은 동양인들은 직설적인 말을 들으면 서양인들이 마치 십계명을 어겼을 때 받는 것과 비슷한 충격을 받으며 상대방을 혐오한다는 것이다. 게다가 나는 처음에 너무도 근사하게 간접적인 방법으로 이야기를 시작하다가 갑자기 문제의 정곡을 찌르며 노골적이고 단호하게 나갔던 것이다! 만약에 그가 그처럼 화를 내지 않았더라면 아마 내 얼굴을 책망하는 눈으로 뚫어지게 바라보았을 것이다. 그는 마치 부하를 부르려는 것처럼 주위를 둘러보았고, 나는 만영이가 얼마나 잘 변호해낼 수 있을지 속으로 걱정하면서도 이사벨라 버드 비숍 부인이 이 장면을 볼 수 있다면 얼마나 좋을까 생각했다.

하지만 세상은 바뀌었다. 박순성은 내가 누구이고 무엇을 하는 사람인지 몰랐으며 내가 얼마나 강력한 사람인지 몰랐다. 그가 나에 대해 아는 것이라고는 내가 혼란한 전쟁터에 들어온 방문객이고 자신의 권력이 예전 같지 않으며 나는 경계해야 할 대상이라는 것뿐이었다.

그의 분노는 무기력으로 바뀌었다. 그의 얼굴에서 그가 평생 휘둘렀던 권력의 표징들이 사라졌다. 그는 만영이에게 부드럽고 타이르는 듯한 억양으로 말하기 시작했다. 그의 말은 한없이 계속됐다. 타이르는 듯한 어조가 이제는 달콤하고 매력적인 투로 바뀌었다. 나는 만영이의 통역을 기다리다 깜빡 잠이 들 정도였다. 그의 모든 말을 결론적으로 종합해보면 자기는 죄가 없고 내 말은 틀렸으며 내가 제대로 알지 못한다는 것이었다.

"네 생각은 어떻지?" 나는 만영이에게 물었다.

"그가 거짓말을 하고 있는 것 같아요." 만영이가 대답했다.

나는 박순성에게 가난한 백성의 생활 조건에 대해 이야기했다. 백성들이 가난과 고통에 시달리는 모습을 적나라하게 묘사하며 백성들은 70퍼센트의 착취를 더 이상 견딜 수 없을 것이라고 반박했다.

박순성은 자신도 그 가난한 백성을 무척 불쌍히 여긴다고 말했다. 나는 단순한 말보다 더 구체적인 행동을 요구했다. 그러자 박순성은 모르겠노라고 했다. 나는 그 말에 갑자기 공포를 느꼈다. "모르겠다"는 말은 동양에서 일종의 불가침한 성역이었다. 한번 그 속으로 들어가면 모든 게 끝장인 것이다. 그 누구라도 동양의 그 성역 안으로 들어가면 길을 잃고 만다. 박순성은 내가 아주 준엄한 투로 그리고 아주 세심하게 종목별로 하나하나 70퍼센트의 환불에 대해 설명하는 것을 지켜보았다.

그는 잘 알겠으며 한 푼도 남김없이 모두 돌려주겠다고 약속했다. 더 이상 할 말이 없었다. 사명은 완수한 셈이었다. 나는 떠나려고 일어섰다. 한 떼의 부하들이 나타났다. 박순성이 몸소 방문까지 나오더니 다른 방을 거쳐 마당으로 가는 층계를 함께 내려와서 대문까지 바래다주었다. 그리고 바깥 층계의 맨 위에서 공손하게 안녕히 가시라고 절을 했다.

하지만 나도 알고 있었고 만영이도 알고 있었고 박순성도 알고 있었고 우리 모두가 알고 있었고 다른 사람 모두가 알고 있었듯이 박순성은 절대로 돈을 안 돌려줄 것이었다.

14 서울에 파견된 《샌프란시스코 이그재미너》지의 기자

1904년 3월 28일, 서울

 전쟁은 티파티와 같다. 초대를 한 사람이 모든 것을 주관하고 초대받은 사람들은 설혹 지루하더라도 웃어야 하며 항상 공손해야 하는 것이다. 현재로는 일본이 전쟁을 주도하고 있고 러시아는 뒷전에 있어서 초대받은 기자들은 미소를 지으려 애쓰고 있고 가능한 한 공손한 태도를 유지하려고 하고 있다. 그 초대받은 기자들은 1월 초부터 일본에 도착하기 시작했고 우리는 3월 말에 도착했다. 그러나 그들 대부분은 아직도 일본에 있다. 왜냐하면 그들의 친절한 집주인인 일본인께서 전선으로 가는 허가를 내주지 않았기 때문이다.

허가가 가까운 시일 내로 날 것 같지는 않다. 그런데도 기자들은 아주 낙관적이다. 그들은 여전히 제때 전선에 도착해 전쟁을 볼 수 있을 것이라고 믿으려 애쓰고 있다. 허가를 기다리는 동안 그들은 도처에서 초대를 받고 그들의 신문사에서 "왜 도쿄에서 아무 소식도 없는가?", "도쿄에서 무엇을 하고 있는가?", "왜 전선의 소식은 없는가?"라는 전보만 받으며 나머지 시간을 보내고 있는 것이다. 누군가의 말에 의하면 그들은 이따금씩 모여서 투표를 하고 의견을 모아서 그들의 운명을 좌우하는 일본인 장교를 만나러 간다는데, 그 자리에서는 다음과 같은 대화가 이어진다고 한다.

기자: 장군님, 저희가 회의를 해 결정을 내렸는데 우리는 이곳을 당장 떠나야겠습니다.

장군: 그런데 당신들을 위한 만찬이 곧 있습니다.

기자: 우리는 언제 전선으로 떠날 수 있습니까?

장군: 만찬은 일주일 후에 있을 것입니다.

기자: 우리는 허가를 받건 안 받건 간에 일본을 떠나기로 했습니다.

장군: 그 파티에는 꼭 참석해야 합니다.

(머리끝까지 화가 난 기자들이 웅성대기 시작한다.)

장군: 만찬 때 당신들이 떠나도 좋은 날짜와 자세한 소식들을 알려주겠습니다.

　기자들은 진정이 되어 희망에 가득 차서 일주일을 기다린 뒤 만찬에 참석하지만 같은 일이 되풀이될 뿐이다. 여전히 그들은 다음 만찬을 기다리며 도쿄에 머무르는 것이다.

　아시아식의 술수가 기자들을 진정시키지 못하게 되면 일본인들은 마침내 언제까지 허가를 내주겠다고 약속을 한다. 그날이 된다. 허가서가 나온다. 그러나 그 허가서는 앞으로 나올 서류들의 시초일 뿐이다. 각 허가서에는 그 허가서가 다음 서류가 도착하기 전까지는 아무 효력이 없다는 공문이 첨부되어 있다.

　예를 들자면 배속 문제가 있다. 소속 부대가 명시되어 있지 않은 종군 허가증이 무슨 소용이 있겠는가? 몇 주가 더 지나고 만찬에 몇 번 참석하고 나면 배속 발령장을 받게 된다. 그리고 허가서와 배속 발령장을 받은 기자들은 전선으로 갈 수 있는 마지막 허가를 기다리며 여전히 도쿄에 머물러야 하는 것이다. 이렇게 끝없이 계속되는 만찬에 참석하면서 낙천적인 기자들은 마지막 허가가 나올 것이라고 막연하게 믿는다.

　아마도 혹자는 종군기자인 내가 도대체 왜 전쟁에 관한 기사는 안 쓰고 종군기자들에 관한 이야기를 쓰는지 의아해할지도 모른다. 대답은 간단하다. 내가 알고 있는 한 묘사할 만한 전쟁이 없기 때문이다. 서울은 한강의 우각호(牛角湖)가 되고 말았다. 전쟁이 서울을 약간 스치고는 북으로 떠나버렸다. 나는 첫 종대(縱隊)에 배속되었다. 조선에 도착한 지 두 달이 된 그 군대는 지금 북에서 싸우고 있는데, 최종 허가를 받기 전까지는 나는 그 군대와 합류할 수 없고 서울에서 꼼짝 못한 채 있어야 한다. 군사 용어로 나는 전쟁성(戰爭省)의 허가하에 별도의 지시를 기다리며 서울에 있는 것이다.

서울에는 이와 비슷한 사정의 사람들이 더 있다. 우리는 물론 도쿄에 있는 사람들보다는 전쟁의 현장과 지리적으로 조금 더 가깝지만, 전쟁터에서 일어나고 있는 사실들에 대해서는 유럽이나 미국의 소시민이 알고 있는 것보다도 더 모르는 것이다. 우리는 사각지대에 있다. 우리는 아무것도 모른다. 우리는 전 세계에서 들어오는 전문이 담긴 일간신문 같은 매체를 볼 수가 없다. 그렇기 때문에 정보를 몇 개 수집하고 나서 보면 그건 이미 전 세계가 알고 있는 옛이야기인 것이다.

우리 셋이 전선을 뚫고 들어온 것은 사실이다. 우리는 다행히 선전포고가 내려지기 전에 일본을 빠져나와 다른 경로를 통해 제물포에 도착했다. 던과 매켄지는 해전이 일어나기 바로 전에 가까스로 도착했고, 그때 나는 조선의 서해안을 따라 거룻배를 타고 힘들게 가고 있는 중이었다. 다른 기자들은 일본의 공손함에 농락당해 만찬에 참석하느라 지체하고 있다. 이런 일은 두 달 전부터 계속되었는데 그들은 여전히 만찬에 참여하고 있었다.

일본군이 서울을 떠나 북으로 진군하기 시작할 때 던과 매켄지와 나는 허가를 받아야 한다는 지시를 무시하고 떠났다. 이렇게 해서 우리는 전쟁성이 우리를 붙들어 매고 있던 줄뿐만 아니라 도쿄에서 만찬에 참여하고 있던 자들이 우리를 잡아매고 있던 줄까지 잡아늘였다.

우리와 관련이 있는 군 장교들이 끊임없이 전력을 다해 만류하는 것을 무시하고 우리는 평양까지 300킬로미터를 가는 데 성공했다. 그곳에서 매켄지는 발걸음을 돌렸고 던과 나는 용감하게 안주와 의주 그리고 압록강을 향해 북으로 밀고 나갔다. 그러나 그 모든 것이 순안이라는 마을에서 중지되고 막혀버렸다.

모든 일의 내막은 바로 이렇다. 도쿄에서 만찬에 참석하고 있던 자들이 그들의 고용주에게 이렇게 말했다. "우리는 이렇게 이곳에 있습니다. 우리는 매우 공손합니다. 그런데 그 세 사람은 전선에 있습니다. 그들은 매우 불손하게 행동했으니 그 불손함의

대가가 어떤 것인지 보여주십시오. 그들을 불러들이십시오. 그렇게 하지 않는다면 우리도 불손해질 것이며 앞으로 만찬에 참여하지도 않겠습니다."

이러한 끔찍한 협박을 듣고 전쟁성은 우리의 줄을 잡아당겼다. 그리고 다시 돌아와서 허가를 받으라고 명령했다. 그러나 만찬에 참여한 자들 중 대변인 격인 교활한 사람이 자기 자신만을 위한 계책을 꾸몄다. 그가 바로 우리를 돌려보내라고 강력히 요구한 사람인데, 그는 한쪽으로는 강력한 어조로 우리의 송환을 요구하면서 또 다른 쪽으로는 비밀리에 우리를 따라잡거나 가능하다면 앞질러 가라는 임무를 주어 사람을 보냈다. 이렇게 그는 양다리를 걸치고 게임을 하고 있었다.

나는 명령에 따라 평양으로 돌아가다가 그가 보낸 사람을 만났는데, 그 사람은 이제 막 도착한 참이었다. 퇴각 명령은 그에게도 해당되는 것이어서 나는 진남포까지 해안을 따라 80킬로미터를 가는 동안 말을 빌려주었다. 항구의 정박지에는 얼음이 간신히 치워져 있었고, 그 작은 만은 군수품으로 가득 차 있었다. 그러나 우리는 그러한 모든 것들을 볼 시간이 없었다. 우리는 퇴각 중이었기 때문이다. 기선을 하나 징집한 일본인 영사는 선장이 뭐라고 불평을 하든 말든 아랑곳하지 않고 우리가 결국 전쟁의 무대를 뒤로한 채 항구를 떠날 때까지, 우리가 제물포와 한강이 있는 남쪽을 바라보며 항구를 떠날 때까지 우리를 붙잡아두었던 것이다.

그렇게 해서 우리는 우리 없이 전쟁이 진행되는 동안 최종 허가가 날 때까지 이곳에서 기다리고 있다. 우리는 도쿄에 있는 동료들보다 더 운이 없다. 왜냐하면 이곳에는 만찬도 없고 완전한 불확실함만 있을 뿐이며, '전시 가격'이라며 숙박비를 올리는 호텔 주인까지 있기 때문이다.

15장 드디어 '전쟁의 무대'를 보다

1904년 4월 21일, 의주

수일 동안 우리는 흰옷을 입은 짐꾼들로 뒤덮인 길을 말을 타고 강행군했다. 짐꾼들의 어깨는 앞으로 기울어져 있었고 그들의 얼굴은 땅을 향해 있었으며, 그들의 등에는 동양 군대의 필수품인 쌀과 생선과 간장과 정종이 실려 있었다. 마을은 버려져 있었다. 마을의 집들은 문짝과 창문이 모조리 떨어져 나간 채 휑한 모습으로 약탈에 대해 무언의 시위를 하고 있었다. 길가 여기저기에서 노인들과 아이들이 음식을 팔고 있었고, 주민들과 협상만 잘하면 그들이 산속 은신처에 감추어둔 곡식을 얻어다가 말들에게 줄 수 있었다.

그런데 어느 날 오후 늦은 시각에 사태가 돌변했다. 우리는 두 골짜기가 만나는 고개 위까지 말의 고삐를 잡은 채 걸어 올라가고 있었다. 그때 마차를 끌고 오는 긴 군인 행렬을 만났는데 그들은 꼭대기에서부터 우리를 향해 내려오고 있었다.

수많은 조선인 짐꾼들은 정기적으로 이어지고 있는 군 수송에 순서를 양보했다. 우리도 말들을 길 한편의 바위들 사이에 세우고 행렬이 지나가기를 기다렸다. 우리는 기다리고 또 기다렸다. 해가 지고 황혼이 깃들었다. 군인 서너 명이 끄는 손수레의 행렬이 수많은 마차들과 함께 오고 있었는데, 어찌나 빨리 물밀듯이 내려오던지 숫자를 헤아릴 수도 없었다.

마차와 병사들이 끄는 손수레, 장교들과 기병들이 여전히 언덕 위에서부터 내려오고 있었다. 그것은 군용열차를 방불케 했으며, 우리는 처음으로 군대에 필요한 생필품이 어떤 것인지 깨닫기 시작했다. 우리는 수개월 동안 인내한 끝에 우리가 목표에 가까이 가고 있다는 사실에 감동했다.

기다리다 지친 우리는 드디어 군 수송 행렬이 조금 줄어들었을 때 내려오는 물결을 향해 말을 끌고 언덕 위로 천천히 올라갔다. 언덕으로 올라가는 것은 무척 어려웠지만 일단 올라가고 나니 반대쪽에서 물밀듯이 올라오는 행렬을 거슬러 내려가는 일은 한결

수월했다. 암흑 속에서 우리는 밤을 지낼 마을까지 걸어갔다.

마을은 병사들로 가득 차 있었다. 집집마다 꽉 차 있었다. 조선인들의 부엌은 땅에 구멍을 뚫어놓은 것에 불과했다. 그런데도 부엌마다 지친 병사들로 가득 차 있었다. 우리는 말을 끌고 10리를 더 가서 텅 빈 마을의 주인 행세를 했다.

다음 날, 아침 일찍 말에 올라타서 보니 저 멀리 고개 너머까지 마차의 행렬이 길 양쪽을 오가고 있었다. 기병대와 보병대, 말을 타거나 걸어가는 장교들, 적십자 요원들, 여기저기서 길을 고치고 있는 병사들, 군사용 전신망으로 일하는 통신 요원들, 우마차를 끄는 짐꾼들, 짐을 끄는 가축들, 조선산 조랑말들, 밧줄로 끌려가는 작은 당나귀들, 힝힝거리는 말들, 그리고 그 모든 것 사이로 한 중국인이 도대체 아무 관심도 없다는 듯 무표정한 얼굴로 옆도 보지 않고 아직도 평화가 미소 짓고 있는 나라를 향해 질주하고 있었다.

길은 하나만 있는 게 아니었다. 둘 혹은 셋, 아니 그보다 더 많이 있었다. 아름다운 골짜기는 전쟁으로 많은 상처를 받고 심하게 손상되어 있었다. 둑과 도랑이 고통받고 있었고 논은 바큇자국으로 움푹 팬 흙투성이의 진흙밭이 되었으며 농부의 오랜 노고는 헛수고가 되고 말았다. 그리고 여전히 조선인들은 파괴의 장본인인 일본군을 힘의 상징으로 받아들이고 있었다.

4월 22일, 나는 의주에서 일종의 여름 정자인 성의 꼭대기까지 올라갔다. 나는 그곳에서 오카다 대위가 내게 말했던 소위 '전쟁의 무대'를 보고 있다는 것을 깨달았다. 10여 차례의 종군 경험이 있는데도 "흥분으로 전율이 느껴진다"고 내 곁에 있던 한 기자가 말했다. 그러나 나는 이상하게도 무감각했다.

움직이는 것은 아무것도 없었다. 의주성의 망루 사이로 보니 저 아래로 넓은 압록강이 흐르고 있었다. 강의 지류에 의해 나뉜 하얀 모래밭이 모자이크처럼 펼쳐져 있었다. 저 멀리 있는 강에서부터 만주의 산맥이 시작되고 있었다. 그리고 그것이 전부였다. 무대는 텅 비어 있었다.

그날은 꿈과 평화가 가득한 날이었다. 이 나라는 조선이라는 ― 朝鮮: 조용한 아침의 나라 ― 옛 이름을 가질 만했다. 땅은 열기 때문에 진동하는 것 같았고 멀리 보이는 계곡과 산은 여름의 짙은 안개 속에 있는 것처럼 알아보기 힘들 정도로 불투명했다. 그 드넓은 공간 안에서 움직이는 것은 아무것도 없었으며 그 고요함과 평화로움은 지금이 전시라는 생각을 전혀 불러일으키지 않았다.

16

원거리 전투

1904년 4월 30일, 의주[*]

　원거리 전투는 정말 매우 볼만한 것이다. 그것은 인간이 그들의 타고난 한계를 넘어섬으로써 이룩한 진보와 공중을 가로지르는 발사체에서 얻어낸 지식의 훌륭한 실례다. 그것은 다윗의 전투에서 시작한 돌팔매질에서부터 현대식 대포에 이르는 긴 여정이다. 그렇지만 이것이 바로 모순이라고도 할 수 있는데, 다윗 시대의 돌팔매질과 무기는 오늘날의 발달된 무기보다 적어도 100

---

[*] 이 기사는 1904년 6월 5일 일요일 자 ≪샌프란시스코 이그재미너≫지에 다음과 같은 머리기사로 실렸다. "런던 씨는 일본군의 최전방에 종군하는 세계적인 신문사들을 대표하는 기자 일곱 명 중의 한 명이다."

배는 더 살상력이 있었다. 예전의 무기는 현대식 무기보다 더 빠르고 단순하게 그 임무를 완수했다. 우선 그 무기들은 더 많은 사람들을 죽였다. 그리고 무엇보다도 그 무기들은 에너지와 시간과 머리를 훨씬 덜 쓰면서 더 많은 사람들을 죽였다. 오늘날 사람들을 죽이는 데는 더 많은 작업과 계산과 시간과 지능이 필요하다. 문명의 승리는 카인이 더 이상 사람을 죽이지 않는다는 데 있지 않고, 사람을 죽이는 방법을 연구하느라 몇 날 밤을 지새워야만 하는 사실에 있는 것 같다.

압록강에서 현재 전개되고 있는 상황을 자세히 살펴보자. 계곡 깊은 곳으로 굽이쳐 흐르는 강의 한쪽 강변에는 많은 러시아인들이 있다. 다른 쪽 강변에는 그에 못지않게 많은 일본인들이 있다. 후자는 강을 건너기를 원한다. 그들은 강 저편에 있는 러시아인들을 죽이기 위해 강을 건너고 싶어 한다. 러시아인들은 죽고 싶지 않기 때문에 일본인들이 강을 건너려고 할 때 그들을 죽이기 위한 작전을 짠다. 그것은 전적으로 비밀리에 이루어진다. 그들은 서로 마주칠 기회가 거의 없다. 북쪽 비탈 오른쪽에서는 러시아인들이 강 한복판에 있는 섬에서 그들에게 포탄을 쏘아 보내는 일본인들을 죽이려고 장거리 포격을 실시하고 있는 중이다. 남쪽 비탈 오른쪽에 자리 잡은 일본군 포병대는 러시아군들에게 수류탄을 던지기 시작한다. 강을 비스듬히 가로질러 건너편 왼쪽으로 7킬로미터 떨어져 있는 러시아군 포병은 그 일본군 포병에게 사정없이 대포를 쏘아댄다. 이것이 바로 문제다. 일본군 전선의 중간 열에서 포병대가 러시아군 포병대를 포격하기 시작한다. 새로운 문제가 생겨난다. 러시아군 전열의 중심에 있는 포병대가 일본군 전열의 중심에 자리 잡은 포병대를 향해 포탄을 퍼붓기 시작한다. 그러면 오른쪽의 일본군 포병은 러시아군 포병에 포격을 가하는 것을 멈춘다. 그리고 그런 식으로 계속된다. 왼편의 러시아 포병대가 방향을 바꿔 중간 열의 일본군에게 사격을 가하기 시작하면 러시아군 중간 열의 부대가 오른편의 일본군 포병대로 사격을 바꾼다. 그리고 그와 같은 일이 다시 일어난다.

그리고 나서 사상자의 숫자를 보면 실제적으로 거의 없다. 결과는 각 편에서 상대편을 죽이는 것을 방해한 것이다. 오른편의 러시아군 포대는 섬에 올라온 일본군 포병대를 말살시키려고 작정했다. 오른편의 일본군 포병대는 러시아 포병대가 쏘지 못하도록 포격을 가한다. 왼편의 러시아군 포병대는 오른편의 일본군 포병대가 러시아군 포병대를 죽이지 못하도록 포격을 가한다. 중간의 일본군 포병대는 왼편의 러시아군 포대가 오른편의 일본군 포병대를 공격하지 못하도록 사격을 가한다. 그와 같은 전투에서는 많은 사람과 대포가 투입되고 화약이 많이 소비되고 많은 책략이 동원되지만 아무도 죽지 않는다.

 물론 일본군은 전략상 중요한 이동을 수반하는 이점을 얻어냈는지도 모른다. 무엇이 전략상 중요한 이동인가? 그것은 적이 버틸 수 없도록 군인과 무기를 조정하는 것을 말하며, 버틸 수 없는 상태란 적이 항복하거나 몰살당하는 상태를 말한다. 지휘관 정도 되면 큰 실수를 범하지 않는 한 그런 버틸 수 없는 상태로 가지는 않는다. 버틸 수 있는 상태를 찾아 얼른 돌파구를 찾기 때문이다. 전략상으로 돌파구가 봉쇄될지도 모른다. 그러면 또 제3의 대책을 찾을 것이다. 이런 일이 영속되지는 않겠지만 어쨌든 계속될 것이다. 그러나 버틸 수 있는 마지막 상태에 몰릴 수도 있을 것이다. 그러면 다음과 같은 본래의 제안이 들어올 것이다. 항복이냐, 죽음이냐? 물론 항복한다. 그것은 노상강도의 오래된 제안이나 다름없다. 지갑을 내놓을래, 죽을래? 이런 제안을 받는 여행자는 버틸 수 없는 상황에서 돈을 내줄 수밖에 없다. 한 국가도 자신의 군대가 버틸 수 없는 상태에 있다고 생각한다면 그와 마찬가지로 비옥한 영토를 떼주거나 상업상의 이권을 내주거나 전쟁으로 인한 세금을 바치게 되어 있다.

어쨌든 이것이 바로 나 같은 문외한의 눈에 비친 현대식 전투의 모습이다. 몇 안 되는 사람들이 됐건 1개 소대가 됐건 여러 대대가 됐건 전략상의 목표는 같은 것이다. 즉, 전쟁에 필요한 사람들과 무기들을 지탱할 수 없는 장소로 몰아넣고 항복하지 않으면 다 파괴해버리는 전략이다. 예를 들자면 이곳, 압록강에서는 두 나라의 군대가 서로 대치하고 있다. 전략에 능숙한 일본 군대는 러시아 군대를 더 이상 버틸 수 없는 위치로 몰아 후퇴하게끔 만들 수 있을 것이다. 더군다나 일본의 제2군이 서쪽의 랴오둥만에 도착해 러시아의 제2군에 제동을 거는 동시에 압록강에 있는 러시아군의 허리를 찔러 현재의 위치에서 더 이상 버틸 수 없도록 만들 수도 있을 것이다.

바로 이것이 현대전과 근대전을 확연히 구분 짓는 원거리 전투의 실체인 것이다. 다윗왕의 시대에는 양쪽이 무기를 들고 싸우기 전까지 그 전지가 아군의 위치를 유지할 수 있을 만한 곳인지 알 수 없었고, 전투가 시작되고 난 후에는 이미 살육의 도화선에 불이 붙었기 때문에 후퇴하기에는 때가 너무 늦었다. 그러나 20세기의 현대전에서 죽은 사람 가운데 장군이 있다면 그는 바보나 백정이라서 죽은 것이 아니고 사고에 의해 죽은 것이다. 내가 괜히 '사고'라고 말하는 것이 아니다. 총알에는 어떤 목표가 있다. 그러나 아주 극소수의 총알만이 확실한 목표를 띠고 있으며, 아주 극소수의 병사만이 목표를 조준해 방아쇠를 당기는 것이다. 그러므로 포탄과 수류탄에 맞아서 사람이 죽었다면 그것은 정말 사고에 의한 것이다.

물론 적에게 발각된다면 그는 아마 죽을 것이다. 만약 500미터 앞에서 서로 바라보고 서서 총으로 승부를 가린다면 마찬가지로 죽을 것이다. 그러나 수류탄이 떨어지기 시작하면 병사들은 안전한 방공호로 피한다.

소요되는 에너지를 참작한다면 전쟁에서 죽은 사람의 퍼센티지는 인질 강도나 권투 시합이나 축구장에서의 인명 피해보다 훨씬 낮다.

전투가 간단하고 무기가 투박했을 때에 살상은 대규모로 일어났다. 적은 가까운 거리에 있었고 전투는 결정적이었다. 거의 19세기 말까지만 해도 결정적 전투가 가능했다. 남북전쟁 때만 해도 적을 도망가게 할 수 있었고 전쟁터에서 쫓아낼 수도 있었다. 그러나 장차 최소한 문명국들 간의 전투에서는 그런 일이 일어나지 않을 것이다. 패배한 군대는 후퇴하면서 싸울 것이고 승리한 군대는 거의 같은 속도로 영토를 차지할 것이다. 적은 원거리 전투에 의해서 격퇴될 것이며, 똑같은 원거리 전투에 의해 아군은 적의 전진을 차단하고 패배를 혹독한 패배로 뒤바꿔을 것이다. 패배한 군대는 버틸 만한 위치를 차지하려고 후퇴하는 것이다. 예전에는 살상이 전과를 결정했는데 오늘날에는 살상의 가능성이 전과를 결정하는 것이다. 간단히 말해서, 현존하는 대단히 끔찍한 전쟁 무기들은 본연의 목표에 어긋나고 말았다. 죽이기 위해 만들어진 전쟁 무기들은 결과적으로 살상을 예사롭지 않게 만든 것이다.

전쟁 무기가 실제로 완전해진다면 더 이상 살상은 일어나지 않을 것이다. 어느 한쪽 군대가 완전히 장악을 해버리면 다른 쪽 군대는 항복을 하고 그들이 가지고 있는 것을 양보하게 될 것이다. 그렇게 되면 전쟁터로 떠나는 병사는 마치 휴가를 떠날 때처럼 그렇게 가볍게 자기 어머니에게 인사를 하고 전쟁터로 떠나게 될 것이다.

17 일본군의 정면공격

1904년 5월 1일, 안동

확실히 러시아는 압록강을 지키려는 의도가 전혀 없어 보였다. 압록강 북쪽에 그 어느 때보다도 병사들이 그렇게 많이 있었던 적이 없는 것으로 보아 그들의 의도는 일본군의 전진을 늦추고 만주로부터 멀리 떨어진 그들의 후방에서 오는 장비를 증강시키기 위해 시간을 벌려고 하는 것이 분명했다.

4월 29일 오후에 러시아군은 국경의 세관 건물과 여러 마을과 강 한가운데의 섬에 있는 농가들을 불사르고 강북으로 포격하며 후퇴했다. 일본군은 더욱 교묘한 전술을 짜내야 했을 뿐 아니라 몇 주간이나 지연된 후에 비로소 강을 건널 수 있었다. 동쪽에 제

1사단이 있고 서쪽에 제2사단이 있고 제3사단은 의주에서 중심을 잡고 있었다. 강의 섬들 중에 어떤 것들은 전투 없이 얻은 것들이고, 또 어떤 것들은 가벼운 접전 끝에 얻은 것들이다. 일본군은 강의 다른 지류를 건너기 위해 다리를 세웠거나 세우고 있는 중이었다. 압록강의 줄기를 따라 여러 곳에 두 개의 강둑을 연결시키기 위해 그리고 러시아군들이 절대로 찾지 못하도록 매복시켜둔 여러 포병대들을 합치기 위해 부교를 만들 준비가 되어 있었다. 기자들은 이러한 모든 비밀 계획에 대해서 모르고 있었다. 모든 것이 비밀이었다. 도처에 비밀이 감추어져 있었는데, 예외적으로 2개 포병대가 들키고 말았지만 어디에 대포가 감추어져 있는지는 몰랐다. 기자들의 행동반경은 3킬로미터로 제한되어 있었다. 기자들은 단체로 일본군의 호위나 감시하에 의주로 갈 수 있었지만 전선의 요충 지대가 보일지도 모르는 그 지방의 높은 지대로 가는 것은 허락되지 않았다.

기자들을 담당하고 있는 연락장교가 의주성의 꼭대기에 위치한 여름 정자로 기자들을 데려간 적이 있지만 다시는 그런 일이 반복되지 않았다. 그때는 아마도 실수로 압록강을 지정된 거리보다 더 가깝게 볼 수 있도록 한 것 같았다. 압록강의 오른쪽으로도 왼쪽으로도 가까이 접근하는 것은 금지되어 있었다. 단지 멀리 떨어져 있는 언덕 꼭대기에서 바라보는 것만이 허락되었다.

마을과 섬들과 세관 건물에서 일어난 화재는 압록강을 건널 시기가 가까워왔다는 것을 의미하는 첫 번째 징표였다. 그날 저녁, 군관리국은 우리에게 3일분의 휴대 식량을 배급하고 연락장교의 진영으로 다음 날 아침 5시 30분까지 올 것을 부탁했다. 그때는 이미 시간적으로 그 비밀을 발송하기에는 너무 늦은 것이었다. 왜냐하면 우리가 발송한 전문이 도착 - 5일 후 - 하기 전에 압록강을 이미 건넜을 것이기 때문이다.

4월 30일 아침은 안개가 짙었다. 태양은 희미하게 빛나고 있었고 멀리 보이는 계곡은 수증기로 가득 차 있는 것 같았다. 그러나 해가 떠오르자 수증기는 사라지고 압록강의 계곡이 우리의 눈앞에 펼쳐졌다. 1킬로미터 앞에 의주성이 우뚝 서 있었고 여름 정자 옆인 성의 꼭대기에 포병대 1개와 대포 6개가 배치되어 있었다. 오른편으로 농가가 언덕 위에 있었는데 우리는 그곳에 또 다른 포병대 1개가 숨겨져 있는 것을 알았다. 왼편으로 또 다른 포병대 2개가 있을 것으로 짐작했지만 그러한 모든 것이 군사기밀이었으며 또한 그것이 우리가 아는 것의 전부였다. 우리가 일본군의 위치에 대해서 아는 것은 강의 반대편에서 소리 없이 움직이는 러시아군들의 위치보다 적었다.

일본군들도 소리 없이 움직였다. 강의 훨씬 아래쪽인 멀리 안둥[安東, 단둥(丹東)의 옛 이름]에서부터 들려오는 대포의 둔탁한 소리가 감지되었다. 7시, 8시, 9시가 지나도 아무 일도 일어나지 않았다. 아래 계곡에는 우리들 그리고 포병들과 보충병들이 옹기종기 모여 있었다. 총은 다발로 세워져 있었고 배낭은 땅에 놓여 있었으며, 병사들은 수류탄에 맞지 않으려면 러시아군에게 보이지 않아야 하므로 언덕 위에 길게 누워 있었다. 대부분은 열을 맞춰 나란히 자고 있었는데, 그들의 푸른색 군복은 작년에 말린 건초 더미의 누런 노란색과 대조를 이루고 있었다. 언덕 밑에서는 요리사들이 분주히 움직이고 있었고, 병사들이 말의 징을 박고 있었으며, 보급 부대가 열을 지어 강을 낀 계곡 아래에서부터 군사 도로를 따라 올라오고 있었다.

좁은 협곡에서 몇몇 병사들이 샘을 파는 작업을 하고 있었고, 어떤 병사는 언덕에서 말을 징발해 꽃가지들을 싣고 잠시 서서 다른 이들과 잡담을 나누고 있었다.

10시에 오른쪽에 있는 일본군 포병대가 포문을 열었다. 포탄이 공중을 가르며 멀리 날아가자 마치 어마어마한 천을 찢는 것과 같은 소리가 났다. 강 건너 3킬로미터쯤 호산(虎山)의 오른편에 수류탄이 떨어져 땅이 패인 장소에서는 번갯불이 번쩍였고 연기가 자욱했으며 흙먼지가 뿌옇게 일어났다.

그런 후에 폭음 소리가 들려왔다. 일본 군대의 열을 따라 차례차례로 왼쪽 끝까지 대포가 발사되었다. 강의 한복판에 있는 섬 위에 배치된 곡사포와 대포가 그들의 위치를 알렸다. 일본군이 전날 밤에 미리 운반해놓은 것이다.

러시아군은 포대 두 개로 응수했다. 하나는 호산 뒤에 자리 잡았고 또 하나는 계량정이라는 마을 근처에 위치한 러시아 군대의 참호선 오른쪽에 자리 잡고 있었다. 이 두 포대의 결투는 일본군 쪽에 별다른 피해를 입히지 않고 30분간 지속되었다. 포탄이 우리의 위쪽에 위치한 예비 부대들 사이로 여기저기 떨어졌으나 직접적인 피해는 없었다.

10시 30분, 잠시 대포 소리가 잠잠해지자 호산 오른쪽에 있는 농가가 불타기 시작했다. 두 번째 농가가 불타기 전에 우리는 망원경으로 러시아군들이 불을 지르는 것을 목격했다. 그들이 집에서 나올 때마다 초가집이 불탔기 때문에 그들의 행동거지를 알 수 있었다. 러시아군은 신호를 주며 후퇴한 것이다.

같은 순간에 머리카락처럼 검고 가는 줄이 만주 지방 강기슭의 동쪽에서부터 산기슭을 따라 움직이는 것이 보였다. 이 줄은 강기슭에 붙어서 호산의 불타는 집 쪽으로 서쪽을 향해 가고 있었다. 일본군은 강의 북쪽에 상륙하는 데 성공했던 것이다. 미카도(御門) 군대는 만주에 발을 들여놓았다. 그들은 바로 동쪽 사단이었는데 지난밤에 부교를 타고 강을 건넜던 것이다.

일본군은 적을 만나지 않았던 것이 분명했다. 그렇지 않다면 그렇게 소리 없이 진행되었을 리가 없다. 러시아군은 후퇴하면서 일본의 우회 작전의 하나인 강의 상륙에 대해 강력하게 대처하지 않은 것이다.

곧 그들은 가파른 산을 기어오르기 시작했다. 대열은 계속 언덕을 따라 올라가더니 결국 산 정상을 넘어 우리의 눈에 보이지 않게 되었다. 호산 뒤에 있는 러시아군은 포탄들을 일제히 비능률적으로 발사했지만 일본군의 혹심한 포탄 사격을 대가로 받았다.

러시아군 포병대는 퇴각할 준비를 하고 여름 정자 옆에 있는 우리 위로 갑자기 포격을 가하며 요란하게 작별인사를 했다. 마지막 포격은 순식간에 멈추었는데 그 이유는 포격을 맞아서가 아니라 소용없는 포격을 지속할 뜻이 없었기 때문이다. 대포를 쏘는 병사들은 방공호로 피해 들어갔다. 망원경으로 보니 대포가 버려져 있었으며 러시아군은 더 이상 한 사람도 보이지 않았다.

러시아군이 세상 끝까지 포탄을 쏟아붓는다고 해도 단 한 명도 살상할 수 없었을 것이다. 그래도 그 포탄 중의 몇 개는 우리

위를 지나서 의주에 있는 집들에 명중했다.

같은 시각에 러시아군은 일본군 포병대에게 연속 사격을 당하고 있었다. 사격이 그치자 그들은 그때를 틈타 압록강 가의 계곡으로 포병대를 후퇴시켰다. 곧 버려진 포대는 우리 앞에 현실로 나타나 일본군들은 환호성을 울리며 호산을 점령하고 러시아군이 후퇴하고 있는 아이호 항까지 도달했다.

바위산 꼭대기에 자리 잡은 러시아군 포병대가 강 한복판에 있는 섬의 일본군 포대를 향해 대포를 사정없이 쏘아대기 시작했다. 은빛 모래가 공중으로 날렸고 포탄이 어찌나 연기를 뿜어대던지 섬 전체가 불이 붙은 것 같았다.

그 반격으로 일본 측이 모든 포탄과 수류탄을 산꼭대기 위로 집중해 쏘아대어 이번에는 온 산에 불이 붙은 것 같았다. 러시아군은 소나기처럼 퍼붓는 그런 포격에는 잠자코 있을 수밖에 없었다. 그러한 상황에서도 러시아 측의 대포는 오로지 한 대만 불을 뿜었고 그 포격은 한동안 끈질기게 계속되었다.

얼마 후에 포격이 중단되었다. 날이 저물어갔다. 강의 북쪽에는 1개 포대와 1,000여 명의 러시아군밖에는 남지 않았다. 아마도 틀림없이 밤 동안에 후퇴를 할 것이다. 4월 30일은 끝날 준비가 되어 있었다. 다음 날은 5월 1일이었다. 압록강은 일본군이 곧 물밀듯이 건너올 것을 기다리고 있었다.

밤 동안 일본군은 그들의 병력을 모두 섬으로 보냈다. 3개 사단인데, 상식적으로는 군이 강기슭을 따라 80킬로미터 정도 분산되어 있을 것이라고 생각하지만 그들은 의주 바로 앞의 전선에 집결해 있었다. 군사 전문가에 의하면 완벽한 전술이었다고 한다. 중심 사단은 전선을 정면으로 돌파해야 했고 왼편의 서부 사단과 동부 사단은 산등성이로 올라가 적의 허리를 공격할 준비가 되어 있었다. 그러나 적이 있는 곳을 알 수가 없었다. 일본군은 포탄과 수류탄으로 그들을 찾고 있었는데, 지형이 강의 지류 때문에 작은 섬들로 이루어져 있어 기병대를 투입할 수 없었기 때문이다.

수색 작업은 미진했다. 언덕들을 포탄과 총탄으로 샅샅이 수색했지만 러시아 측의 대포는 반응이 없었다. 러시아군은 반격할 대포가 없었다. 그들의 포병대는 이미 후퇴해 지금은 베이징으로 가는 길 위에 있었다. 우리는 의주성의 높은 곳에서 포대의 수색 작업을 보고 있었는데 처음에 포병대는 모래밭에서부터 찾기 시작했다. 포병대는 쉬지 않고 수색 작업을 벌이면서 열을 지어 전날 러시아군 대포가 포격을 퍼부었던 뾰족산 기슭으로 다가갔다. 그들이 점점 더 가까이 갔으나 북쪽 진영은 침묵을 지키고 있었다.

그런데 갑자기 7시 30분쯤에 무슨 소리가 나기 시작했다. 마치 물이 끓는 것 같았다. 일본군은 뾰족산 아래 모래밭 위에 완전히 노출되어 있던 일본군은 숨을 곳을 찾아 후퇴했다. 사람들이 마치 작은 점처럼 보였지만 분명하게 보였다. 규칙적으로 지원 사격을 하면서 뒤로 후퇴하며 병사의 배치를 바꾸었는데 작은 점의 숫자가 점차 줄어들었다. 그때 러시아군이 다시 사격을 시작했다. 물 끓는 소리는 바로 후퇴하는 러시아군을 비호하려고 남겨둔 1,000여 명의 병사들이 낸 총소리였다.

일본군은 절대로 중단하는 법이 없었고 망설이는 법도 없었다. 병사들을 두 배로 증강시킨 후 적에게 무방비 상태로 노출된 모래밭 앞으로 전진하도록 했다. 병사들이 전진하는 동안 모든 대포와 포대가 전력을 기울여 산등성이와 꼭대기를 향해 쉴 새 없이 발포했다. 어찌나 쏘아댔던지 포탄과 수류탄이 낸 연기에 가려 러시아군의 모습이 사라질 때도 있었다.

지구 멸망론만이 일본인들을 멈출 수 있다. 애국은 그들의 신앙이어서 다른 민족이 신을 위해 죽듯이 그들은 조국을 위해 목숨을 바친다. 뾰족산 앞에서 서쪽 사단의 군사들이 이미 도랑을 건너고 왼쪽 길로 들어서고 있었다. 오른쪽에도 군사들이 물에 들어갔다 나왔다 하며 또 다른 도랑을 건너면서 언덕을 물밀듯이 올라가고 있었다.

8시 15분 러시아군의 왼쪽 진영에서 일장기가 작은 손수건처럼 휘날리며 높이높이 오르고 있는 것이 보였다. 몇 분 후에 일장기가 러시아군의 오른쪽 진영에서도 휘날리기 시작했다.

사격이 완전히 그쳤다. 일장기가 산등성이를 잇는 길에서도 높이 올라갔다. 전투는 끝이 났고 의주 성곽 위에서 우리와 같이 지켜보던 일본인들이 '반자이(만세)'를 외쳐댔다.

러시아군은 일본군의 신속성과 민첩성을 과소평가한 것이다. 일본군은 왼쪽과 오른쪽에서 추격을 시도했으며 그와 동시에 중심 사단에 새로 보충된 예비 부대들이 새 힘을 갖고 매우 빨리 전진할 수 있었다. 그들은 기마병을 투입시키지 않았다. 바로 그것이 전쟁 신의 얼굴에 미소를 띠게 한 사건을 일으킨 것이다. 며칠간 비가 오지 않은 평평한 길 위에서 말로 대포를 끌며 도망가는 포병대를 병사들이 추격해 잡은 것이다!

일본군은 대단한 전과를 거두었다. 그들은 러시아군 1개 포병대와 1개 중대를 하마단이라는 곳에서 따라잡아 포위했다. 일본군은 그 전투에서 병사 300여 명을 잃었지만 많은 대포를 탈취해 왔다.

그럼 이제 전쟁에 문외한인 사람의 입장에서 이번 전투를 곰곰이 분석해보자. 문제는 전선을 공격했다는 것이다. 왜 일본은 전쟁을 도발했는가? 그들은 그날, 그들 자신의 보고에 의하면 약 1,000명의 병사를 잃었다고 한다. 그렇게 많은 군사를 잃어야 했던가? 나는 그렇게 생각하지 않는다. 4월 29일 밤에 동쪽 사단이 만주 쪽의 강을 건너기 시작했고 4월 30일에는 그들이 강을 이미 건너 산으로 전진하는 것을 보았다. 그들은 아무런 저항을 받지 않았다. 러시아군은 퇴각 중이었다.

동쪽 사단의 병사들 뒤에는 압록강이 있었다. 그들은 그들이 이미 건너온 다리와 도랑을 장악하고 있었다. 제1사단 전부가 아무런 피해 없이 그 뒤를 따라갈 수 있었을 것이다. 러시아군의 병력 대부분이 이미 철수한 후였고 뾰족산 근처에는 1,000여 명의 병사들만 남아 있을 뿐이었다.

만약에 일본군이 4월 30일 밤이나 5월 1일 새벽에 동쪽 사단을 축으로 압록강을 건넜다면 러시아군의 허를 찌를 수 있었을 것이며, 다음과 같은 두 가지 가정 중의 하나가 일어났을 것이다. 즉, 러시아군은 포위당해 항복하거나 전멸당할 것을 불사하고도 후퇴하며 싸웠을지 모른다. 두 가지 경우에서 모두 일본의 손해는 실제적으로 없었을 것이고 결과는 같았을 것이다. 즉,

만주로 가는 길은 열렸을 것이다.

하지만 일본은 정면공격을 택했다. 군사 전문가들의 일반적인 견해에 따르면 정면공격은 보통 자살행위이며, 수적으로 압도적인 우위에 있더라도 상당한 대가를 치러야 한다. 유럽이나 미국의 어떠한 장교라도 그런 공격은 하지 않았을 것이라고 확신한다. 더군다나 동쪽 사단을 축으로 러시아군의 허를 찌를 수 있는 길이 있었으므로 정면공격할 필요가 없었다.

그러나 일본인은 아시아 인종이다. 그리고 아시아인은 우리만큼 생명에 커다란 비중을 두지 않는다. 일본 장교들은 승리를 얻기 위해 치른 대가에 관해 언론이나 국민으로부터 받을 질책을 무서워하지 않는다. 반면에 언론과 국민은 어떠한 대가를 치르더라도 승리를, 아니 멋진 승리를 요구한다.

다른 면으로 보면 전선을 정면공격함으로써 바람직한 결과를 유도해냈는지도 모른다. 뤼순(旅順) 항에서 일본 해군이 거둔 압도적인 승리로 일본의 위세가 전 세계에서 등등했었다. 그러나 전 세계는 머리를 흔들고 이렇게 말했다. "일본이 지상전에서는 어떤지 두고 보자." 일본은 아마도 이런 의심을 떨쳐내고 바다에서와 마찬가지로 육지에서도 기세등등한 위세를 유감없이 전 세계에 떨치기 위해 적에게 무방비 상태로 노출된 압록강을 건너는 공격을 택했는지도 모른다. 말할 것도 없이 그 결과 일본군의 우수한 공격력이 입증되었다. 그들은 러시아군 400명을 포로로 잡았고 대포 28개와 상당한 군수품을 획득했다.

러시아 측의 손실이 어느 정도인지는 모른다. 일본은 1,000여 명의 병사가 죽거나 부상을 입는 대가를 치루었다고 한다. 일본 민족은 그 정도의 대가는 치를 준비가 충분히 되어 있었다.

아직 생각해볼 또 다른 면이 남아 있다. 전에는 여전히 회의적으로 전 세계인이 고개를 흔들고 이렇게 말했다. "일본인은 아시아인이다. 이제까지는 아시아인들하고만 싸웠다. 그러나 백인과 싸우면 어떻게 될까?"

일본은 이 도전에 매우 민감했으며 백인과 대항해 백인들이 평가할 수 있는 기준으로 자신들의 역량을 증명하고 싶어 안달이었다. 그들의 역량을 증명한 사실로 일본의 위세가 엄청나게 당당해졌고, 러시아는 아시아의 다른 민족에게 완전히 체면을 잃게 되었다.

이러한 모든 요소들은 일본이 무모하게 전선을 정면공격함으로써 많은 살상을 일으킨 것을 정당화시키고 있다. 일본은 그들의 병사가 용감하고 능란한 용사임을 증명했고 노기에 찬 백인과 대항할 수 있다는 것도 보여주었다. 그럼에도 나는 이런 모든 이유들 때문에 백인 장교가 자신의 병사들을 정면공격 속으로 밀어넣어도 된다고 생각하지는 않는다. 만일 백인 장교가 그런 행동을 취했다면 자기 민족 앞에서 그 행동은 어떠한 방법으로도 정당화될 수 없었을 것이라고 생각한다.

일본이 백인과 맞설 수 있는 능력에 관해 말하겠다. 나는 계량정에 가려고 압록강을 건넜다. 길을 가는 동안 일본군 부상병들과 시체 앞을 지나치면서 전쟁의 끔찍함에 마음이 동요되는 것을 새삼 느꼈다. 이제부터 나의 심리 상태에 대해 주의를 기울여 주기 바란다. 나는 수개월 동안 아시아인 병사들과 동행했다. 그들의 피부는 누렇고 갈색이었다. 나는 나의 인종과 같지 않은 그들의 모습에 친숙해져 있었고 싸우러 가는 그들이 서양인과는 다른 피부에 광대뼈가 나오고 가는 눈을 가졌다는 사실을 받아들이는 데 아무 문제 없이 익숙해져 있었다. 그것은 저절로 된 자연적 질서였다.

마침내 나는 말을 타고 계량정에 도착했다. 어느 한순간 일본군 병사들이 호기심에 차 커다란 중국식 집의 안을 창문을 통해 들여다보고 있는 것이 눈에 띄었다. 나도 호기심을 갖고 말 위에서 허리를 곧게 펴고 창 안을 들여다보았다. 그 순간 나는 마치 주먹으로 머리를 얻어맞은 것처럼 정신이 멍해졌다. 피부는 희고 눈이 파란 사람 한 명이 나를 바라보고 있었다. 그는 더러웠고 그의 옷도 마찬가지였다. 그는 지금 막 치열한 전투를 치르고 온 것이었다. 그의 눈은 나보다 더 파랗고 그의 피부는 나보다 더 희었다.

그곳에는 그 말고도 다른 백인들이 아주 많았다. 나는 숨이 막혔다. 목을 조이는 듯한 느낌이 목구멍까지 올라왔다. 그들은 나와 같은 종족이었다. 나는 창문을 통해 집 안을 들여다보고 있는 황인종들 사이에서 내가 이방인이라는 사실을 새삼 실감했다. 이상하게 내가 창문 저편에 있는 사람들과 연대 관계를 맺고 있는 것처럼 느껴졌다. 내가 나와 전혀 다른 사람들 사이에서 자유롭게 밖에 있어야 하는 것이 아니라 오히려 저편에서 저들과 함께 포로로 잡혀 있어야 할 것 같았다.

나는 하루 종일 몹시 심란했다. 나는 발길을 돌려 압록강 아래쪽으로 내려가 안동이라는 중국의 큰 도시로 갔다. 길을 가는 도중에 중국산 노새가 끄는 베이징식 수레를 보았다. 일본 병사들이 수레를 따라가고 있었다. 그날은 해가 잿빛으로 지고 있었고 수레는 잿빛 외투에 잿빛 양복에 잿빛 담요가 실려 있어 온통 잿빛으로 덮여 있었다. 수레 안의 양쪽에는 러시아제 소총 묶음이 양쪽으로 세워져 있었다. 잿빛 수레의 꼭대기에는 나와 같은 색

깔의 머리카락으로 덮여 있는 머리와 흰 이마가 보였다. 나머지 얼굴은 가려져 있었으나 뒤쪽에 흰 맨살의 다리와 발이 삐죽 나와 있었다. 키가 1미터 80센티미터 정도 되는 남자의 다리였다. 그 다리는 수레의 두 바퀴의 리듬에 따라 올라갔다 내려왔다 하며 끊임없이 단조로운 박자를 맞추며 내게서 멀어져 갔다.

조금 후에 나는 일본 병사가 러시아산 말을 타고 있는 것을 보았다. 그는 러시아 장교의 군화를 신고 러시아 메달을 달고 빼기며 가고 있었다. 나는 왜 그때, 수레 위에서 박자에 따라 흔들거리던 흰 다리를 생각하기 시작했는지 모른다. 안둥의 사령부에서 민간인 일본인 한 명이 내게 영어로 말을 걸었다. 그의 모든 화젯거리는 승리에 관한 것이었다. 그는 신이 나 있었다. 나는 내가 생각하고 있던 것 가운데 겨우 몇 마디를 말했는데 그가 떠나면서 이렇게 말했다. "당신네 민족은 우리가 백색을 쳐부술 수 있다는 것을 믿지 않았을 것이오. 그런데 보시오. 우리가 백색을 쳐부수었잖소."

'백색'이라는 말은 그가 만들어낸 말이었다. 그리고 그가 말하는 동안 줄곧, 수레 위에서 흰 다리가 박자를 맞춰 이리저리 흔들거리던 영상이 내 눈앞에 다시 나타났다.

18
일본의 보이지 않는 전투

1904년 5월 2일, 안둥

4월 26일, 새벽 4시에 비상 호출이 있자 우리는 침대에서 가까스로 빠져나와 칠흑 같은 어둠 속에서 서로를 확인하고 비틀거리며 의주까지 걸어갔다. 압록강 쪽에서는 소총 사격 소리가 규칙적으로 들려왔지만 가끔 바람 소리에 끊기고는 했다. 그 소리를 들으며 우리는 압록강 쪽에서 무슨 일이 일어나는지 알아내기 위해 암흑 속을 뚫어지게 보고는 했다.

동이 트자 암흑은 검정과 회색으로 나뉘었다. 검정은 낮은 구릉의 곡선이었고 회색은 물 위에 깔린 짙은 안개층이었다. 5시에 우리의 왼쪽에서 사격 소리가 불붙기 시작했고 6시경에는 란시도의 하얀 모래밭 위 초록빛의 작은 버드나무 사이로 사람들이 나타났다 사라지는 모습을 뚜렷이 볼 수 있었다. 이 섬의 북쪽으로는 압록강의 세 지류 중 하나가 흐르고 있었다. 이 지류의 강변 북쪽에는 중강진이라는 마을이 있었고, 그 마을에 있는 붉은 벽돌로 만든 작은 담장으로 둘러싸인 조선 세관 건물에는 러시아군이 주둔해 있었다. 버드나무 사이로 나타났다 사라졌던 검은 그림자는 바로 일본군이었다.

그것이 전투라는 것이었는데, 강 아래와 전선에서 들려오는 불규칙하지만 계속해서 나는 총소리와 슬쩍슬쩍 보이는 몇몇 그림자들이 전부였다. 러시아군은 보이지도 않았다. 이런 소음이 나는데도 연기조차 보이지 않았다. 어디에서 총을 쏘는지 보이지 않았다. 검은 그림자들은 버드나무 속으로 사라졌다. 사격은 계속되었다. 마침내 연기가 공중으로 치솟았지만 죽음을 맞이한 자는 아무도 없었다.

맨눈으로 지켜보든지 망원경으로 지켜보든지 간에 그것은 마치 유령들의 전투 같았다. 모래로 된 섬은 아무런 피신처도 제공하지 못했다. 중강진 마을과 세관 건물은 겉으로 보아 사람이 사는 것 같지 않았다. 바람에 나부끼는 깃발도 없었으며 굴뚝에 연기도 나지 않았고, 집 사이의 푸른 공간에 나타나거나 살아 움직이는 생물은 하나도 없었다. 단지 태양만이 그 모든 것을 흠뻑 적시고 있었고 바람은 바다에서 불어오고 있었으며, 텅 빈 섬과 마을에 충격이 맹렬히 가해지고 있었다.

그들은 우리가 있는 곳 바로 아래인 압록강의 지류 위에 다리를 건설하고 있었다. 건설 중인 다리 위에서 망치 소리가 우리의 귀에까지 들려왔다. 흰옷을 입은 조선인 인부들과 검은 옷을 입은 일본군들이 그곳에서 일하고 있었다. 그곳에는 전투가 없었던 것 같았다. 그들이 낮에 하는 일은 다리를 건설하는 일이었다. 그들은 이미 완성된 부분 위로 들보를 어깨에 메고 왔다 갔다 했다. 들보와 사람과 다리가 압록강의 수면 위로 뚜렷한 윤곽을 드러냈다. 조금 뒤쪽에는 산에서 방금 잘라 온 들보들을 실은 수레에서 짐을 내리고 있었다. 조금 더 멀리에는 의주 쪽으로 작은 언덕 너머 우리의 오른쪽으로 약 500명의 보충병이 있었다. 그들은 우리가 있는 곳에서 대략 500미터 떨어진 곳에 있어서, 우리는 의주의 사령부에서 온 황제 친위대의 중요한 집합 장면을 볼 수도 있었다.

보이지 않는 전투는 여전히 계속되었다. 세관 건물과 중강진 마을은 뜨거운 태양 아래 지글지글 타고 있었다. 버려진 것처럼 보이는 마을이 공격을 받고 공격을 물리치고 또 공격을 견뎌야 하는 상황이 거의 이해가 가지 않았다. 총성 소리가 들리는 것은 사실이었다. 그러나 어디에서 그 소리가 나는 것일까? 그저 강의 중간 부분 어디선가 콩 볶는 듯한 소리가 난다는 것만 알 수 있었다. 그것은 '어디선가' 난다는 것이지 더 정확히는 알 수 없었다.

압록강을 따라 몇 킬로미터 더 아래쪽에서 둔탁한 대포 소리가 들려왔다. 오른쪽에서 나던 사격 소리가 점점 줄어들었고 왼쪽에서 나는 총성이 배로 커졌다. 꽝! 우리 바로 앞 어딘가에 포탄이 떨어졌다. 10여 개의 망원경으로 찾아보았다. 산에 포병이 있을 것이다. 그러나 어디에 있는가? 꽝! 망원경으로 소리 나는 곳을 찾아보았으나 허사였다. 또다시 꽝! 다시 찾아보았다. 망원경으로는 여전히 아무것도 찾지 못했다. 여기에는 여러 가지 가설을 세울 수 있다. 앰브로즈 비어스(Ambrose Bierce)가 말한 것처럼, 우리는 '지형'에 유력한 가정을 세우고 평가에 평가를 거쳐 하나의 망원경을 통해 호산의 등성이에서 포탄이 발사되는 것을 발견했다. 그 산은 만주로 흐르는 강변 위에 솟아 있는 바위로 된 곳이었다.

우리는 시간을 재어보았다. 빛이 번쩍이고 나서 소리가 들리는 시간의 차이를 재어보니 12초였다. 이론에 의하면 소리는 1초에 340미터를 이동하므로 대포의 위치는 4,080미터 떨어진 곳에 있었다. 충격은 오른쪽에서 다시 시작되더니 왼쪽에서도 계속되었고 호산에 위치한 러시아군의 대포도 불을 뿜었다. 그런 가운데도 우리 앞에 있는 일본인과 조선인들은 다리를 세우는 일을 묵묵히 계속하고 있었다.

50분간 호산의 대포는 제 역할을 하더니 철수했다. 오른편에서 총성이 멈추더니 왼편에서도 마찬가지로 그쳤다. 아무 소리도 들리지 않았고 단지 들보 위에서 나는 망치 소리만 들릴 뿐이었다. 공사는 계속되고 있었다. 서쪽에서 바람이 불어왔고 태양은 떠오르고 있었으며, 사방이 고요한 가운데 카자크의 기병대가 호산의 기슭에 나타났다. 그들은 계량정 마을 방향으로 걷고 있었는데, 너무 멀리 있어서 만주 강변 쪽으로 기어가고 있는 것 같았다. 그런데 한 남자가 혼자 강변을 따라 말을 타고 앞질러 나아갔다. 그는 보이지 않는 전투가 가장 심하게 있었던 곳을 지나 세관 건물 쪽으로 전혀 서두르지 않고 뚜벅뚜벅 가고 있었다. 우리는 사격이 다시 시작되리라고 기대하고 있었다. 어쩌면 우리는 일본군 사격수가 발사할 단 한 방의 총성을 기대했는지도 모른다. 그러나 정적은 깨지지 않았다. 외로운 그 기병은 세관 건물에 도착하기 전에 말을 타고 마을로 들어갔다.

카자크 기병의 모습은 우리의 시야에서 사라졌다. 지금까지 숨어 있던 일본군 예비 부대는 의주로 되돌아갔다. 전투이건 총격전이건 전쟁이건 무엇이라고 부르든지 간에 그것은 끝났던 것이다. 지치고 허기진 다른 기자들은 각자 그들의 숙소로 돌아갔다. 이제는 우리 셋만 남았으며 그 밖에 다리를 공사하는 인부들과 언덕 뒤에 있는 예비 부대와 의주에서 다리까지 들보를 싣고 가는 수레를 끄는 짐승들의 행렬만 있을 뿐이었다.

우리 셋은 그곳에 남아 있었다. 왜냐하면 말을 끌고 온 하인들이 우리가 길게 누워 있는 언덕 뒤에서 점심을 준비하고 있었기 때문이다. 햇빛을 쬐며 길게 누워 졸고 있던 우리는 갑자기 연달아 나는 세 방의 포탄 소리에 깜짝 놀라 일어났다. 곧 이어 날카로운 호각 소리가 났다. 다리 위로 연기가 세 군데에서 치솟았고 다리 공사는 중단되었다. 그들은 미친 듯이 강변 쪽으로 뛰고 있었다. 그들 주위에서 연기가 보였다. 강의 몇몇 군데에서는 마치 거인이 멀리 산꼭대기에서 커다란 바위들을 던져놓은 것처럼 하얗게 물줄기가 솟아나고 있었다. 시간을 측정해 계산해보니 약 7킬로미터 떨어진 만주 쪽의 언덕 위에서 러시아군이 수류탄을 던지고 있는 게 눈에 띄었다.

포탄 소리가 멈춘 틈을 타서 우리 중 한 명이 하인을 불러 숙소에 가서 사진기를 가져오도록 시켰다. 하인은 숙소로 가는 길을 의주로 가는 길로 잘못 알고 갔기 때문에 야단을 맞았다. 주전자의 물은 끓고 있었고 안장은 땅에 내려져 있었고 말들은 풀을 뜯고 있었다. 그때 포탄 소리가 다시 나기 시작했다. 포탄은 의주의 공중에서 의주의 가옥들 위에서 의주시 전체 위에서 터졌고 언덕 밑에서 예비 부대 위에서 터졌으며, 짐을 끄는 짐승들 행렬 사이로 터지고 있었다.

집이 불타고 있었다. 보충병들은 그들 바로 위에서 터지고 있는 수류탄 아래를 뛰어다니고 있었다. 짐승의 행렬은 이리저리로 흩어졌으며, 말들이 뛰는 바람에 들보들은 여기저기 둥그러졌고, 주인을 잃은 장교의 말은 우리 쪽으로 언덕을 올라오고 있었다. 우리 중 한 명이 이렇게 소리쳤다. "오! 맙소사! 가여운 것, 내 말이 저 속에 있다니!"

그리고 그것이 정말로 전부였다. 그날의 전투는 그렇게 끝났다. 우리가 마을로 내려와 불타고 있는 집 쪽으로 걸어갈 때는 태양이 우리 바로 위에 있었으며 바람은 서쪽에서 살랑살랑 불고 있었다. 짐을 끄는 짐승의 행렬은 다시 제 줄을 찾아 강변을 향해 행진을 계속했다. 부상병을 싣고 들것으로 나르는 적십자 대열이 좁은 길에서 우리와 마주쳐 지나갔다. 병사들은 길에서 잡담을 나누거나 문도 없고 창문도 없는 집에서 자고 있었다. 우리는 사람들이 북적거리는 길을 따라 의주를 떠났다. 그 길에서 우리는 들것에 실린 직사각형 나무 상자를 든 병사들이 길가에 구덩이를 파고 있는 것을 보았다. 어쩌면 너무 이른지 모르지만 죽은 사람은 죽은 사람인지라 군의 행군을 지체시킬 수 없었던 것이었다. 의주로 가는 길은 보병대, 기병대, 적십자, 공병대, 조랑말들, 우마차와 짐꾼들, 재개된 다리 공사를 위해 방금 잘라 온 들보들을 실은 짐승 행렬들과 군 장비들로 꽉 차 있었다.

19 일본이 러시아를 압록강 저편으로 밀어내다

1904년 5월 5일, 안동

일본군은 그들이 제일 용감하고 전술에 능한 군인이며 현대전의 기술을 완벽하게 다룰 줄 안다는 것을 이제 막 끝낸 전쟁에서 증명해보였으며, 그 중에서도 가장 절정을 이루었던 것은 5월 1일 압록강을 건넌 사건이었다. 일본군 포병대의 배치와 사용은 러시아군 포병대에 비해 훨씬 우위에 있었다. 러시아군은 그들의 대포로 상대방에게 아무런 피해도 끼치지 못했다고 말할 수 있다. 전사자 한두 명과 경상자 몇 명을 제외하면 일본군은 아무런 피해도 입지 않았다. 러시아군 대포에 장전된 화약은 아무 쓸모도 없이 터진 것이었다.

러시아군 포병들은 항상 비능률적이었으나 일본군 포병들은 특히 4월 말과 5월 1일에 자신들의 임무를 기가 막히게 완수했다. 그것은 그들의 정확한 포격과 뛰어난 통찰력으로 포진지를 선택하는 능력, 그리고 그들이 절대적인 완벽성으로 모든 일을 해결한 덕분이었다.

러시아군이 자리 잡고 있던 산등성이와 산꼭대기를 찾아갔더니 지표면이 일본군이 쏜 포탄에 의해 푹 패어 있고 온통 수류탄 파편들로 뒤덮여 있는 것을 볼 수 있었다. 러시아군 포병대가 배치되었던 산꼭대기의 중심부는 포탄 구멍으로 가득 차 있었다. 빗발치듯 쏟아지는 이 포탄 세례를 받고 난 러시아 병사들은 알리기에리 단테(Alighieri Dante)나 존 밀턴(John Milton)의 상상력을 훨씬 뛰어넘는 지옥 세계를 경험했으리라.

그러나 일본군들이 단지 정확한 포격만으로 러시아군을 함락한 것은 아니다. 만약에 러시아군이 일본군이 했던 것의 반만이라도 공을 들여서 참호를 파고 자신들의 대포를 보호했더라면 그렇게까지 고통을 당하지는 않았을 것이다. 그들은 안전하지 못한 산꼭대기에서 겨우 반 정도밖에 자신들을 엄폐하지 못했다. 그런 데다 4월 29일과 30일 막상막하로 치열했던 포격 때 그토록 고집스럽게 대포 곁에 남아 있지만 않았더라도 피해를 훨씬 덜 보았을 것이다. 남아 있는다는 것이 곧 엄청난 손실을 의미하는 상황에서 적에게 드러난 대포 옆에 있을 필요가 없었다. 그들은 직접적인 위협을 받았던 게 아니었다. 포병의 지원사격하에 일본군 보병들이 그들을 향해 진격했던 게 아니었다. 그들은 단지 강 건너편에 있는 포병대에게 위협을 받고 있었을 뿐인데도 그 자리에 그냥 머물러 있었던 것이다.

내가 관측해본 바로 일본군 포병의 행동은 러시아군과 상당한 대조를 이루었다. 일본군 포병대는 의주성의 여름 정자 옆에 배치되어 있었다. 러시아군 대포가 불을 뿜어대면 일본군 포병은 즉시 비상참호 안으로 몸을 숨겼다.

후위는 보병들로만 구성되어 있었다. 대포들은 밤사이에 철수했다. 그러므로 이 보병들은 일본군의 사격으로부터 전혀 보호받지 못했다. 그렇다면 이들은 단지 일본군의 사격을 집중시킬 수 있을 것이라는 기대에서 배치된 것이다. 러시아군에는 일본군들이 비 오듯 퍼붓는 포탄과 수류탄을 견제하거나 응수할 대포가 없었던 것이다.

이 상황을 이해할 수 있는 대답은 오로지 러시아군이 그 위치를 지킬 의도가 없었거나 일본군이 좋은 위치를 차지하기 전에 얼른 후퇴해 가장 좋은 위치를 선택하려고 했다는 것밖에 없다.

러시아군 8,000여 명이 압록강 북안(北岸)을 점령하고 있었다. 그들의 의도는 단지 일본군의 전진을 늦추려는 것이었을 뿐 무슨 대가를 치르더라도 저항하겠다는 생각은 없었다. 사방으로 쏘아댈 수 있는 강력한 포병대를 보유한 일본군 동부 사단이 러시아군의 우측 측면과 압록강 북안에 배치되었다는 사실은 러시아군에게 그들이 후퇴할 때가 되었음을 알려주는 신호였다. 그래서 4월 30일 밤에 러시아군은 포대와 주요 병력을 철수시키고 1,500명에서 2,000명의 병력만 남겨 후방을 지키게 했다.

자, 이제는 어떻게 해서 후위 부대가 산산조각이 났는지 보자. 멀리 압록강 변을 따라 흩어져 있던 일본군은 다시 집결했다. 다음 날 동이 틀 무렵 압록강의 모래밭에 그들의 모습이 보였는데 그들 중 반은 이미 강을 건넌 후였다. 러시아군은 적에게 드러난 위치에서 일본군 포병대의 집중 포격을 받았지만 응수할 대포도 없었고 동시에 많은 수의 일본군 보병의 공격을 받았기 때문에 — 일본군에 비하면 러시아군은 한 줌밖에 남지 않았던 것이다 — 아무 희망 없이 전쟁을 포기할 수밖에 없었다.

대포를 철수시키도록 엄호하는 임무를 맡은 후위 부대는 참패당했고 일본군은 하마단에서 2개 포병 부대를 추격해 잡았다. 이 마을은 압록강에서 9킬로미터밖에 떨어져 있지 않다. 그러면 다음과 같은 의문이 생긴다. 러시아군은 전날 밤에 포대를 철수시켰는데 왜 9킬로미터밖에 가지 못했는가? 말이 부족했는가? 일본군이 얼마나 빠른 속도로 전진하는지 몰라서 길에서 늑장을 부렸는가? 일본군이 다시 집결했다는 사실을 모른 채 우방의 후위 부대가 잘 지켜주리라는 생각으로 마음을 놓고 있었는가? 아니면 엉뚱한 생각에 사로잡혀서 2개 포병대와 나머지 후위 부대가 합동해 일본군의 진격을 늦추거나 저지할 전략을 세우고 있었단 말인가?

러시아군만이 이 질문들에 대답할 수 있다. 그들의 의도가 무엇이었던 간에 일본군은 러시아군의 후위 부대를 진압하고 포를 노획해 러시아군에게 참패를 안겨준 다음 그들이 합병하기로 한 나라, 즉 조선으로 발길을 돌렸다.

20장 러시아의 포격 아래 압록강을 건너다

1904년 5월 10일, 안동

일본군은 독일군과 마찬가지로 가능한 한 모든 위험에 대비해 사전 준비를 철저히 하고 나서 그들의 성공을 저지할 수 있는 것은 기적밖에 없다는 신념을 갖고 행동을 개시했다. 일본군이 압록강에 3개 사단을 가지고 있었던 반면, 러시아군은 현저히 열세인 1개 사단밖에 없었다. 그렇지만 일본군은 러시아군의 포격을 받으며 강을 건너야 했고 자신들을 기다리고 있는 적을 공격해야 했다.

일본군은 3개 사단을 움직이는 술책을 써서 러시아군을 아주 혼란스럽게 만들어야만 했다. 일본군은 압록강 어귀에 작은 포함 두 대와 소형 구축함 두 대, 호치키스(Hotchkiss) 기관총이 장착된 작은 범선 네 대를 배치했다. 게다가 그들은 다리 공사를 하는 데 필요한 물자를 실은 거룻배를 50여 척이나 준비해놓고 있었다. 그들은 압록강을 건널 수 있는 다리를 의주에 세울 계획이었다. 그러나 그 계획의 배후에는 또 다른 전략이 숨어 있었다. 러시아군은 압록강의 하구에 거룻배들이 떠다니는 것을 보자 일본군이 그곳에 다리를 세울 계획을 갖고 있다고 믿어버렸다. 그래서 러시아군은 다리 공사를 저지하기 위해 병력 3,000명을 그곳에 배치했다. 그 결과 일본군 좌측 진영에 해당하는 X사단은 산꼭대기에 위치한 러시아군 우측 진영 바로 앞에 소수의 해병을 배치할 수 있게 된 것이다. Y사단은 아이허(愛河) 강의 하구 근처에 배치되었고, Z사단은 애오 강을 따라 수 킬로미터 정도 길게 배치되었다. 이 3개 사단 앞에 4,000여 명의 병력이 항상 대기하고 있었다. 9내지 10킬로미터로 길게 배치된 러시아의 병력은 연속적으로 배치되지 않았다. 사실 러시아군은 지형상의 이유 때문에 두 군데로 나뉘어 있었는데 하나는 계량정에 있는 산꼭대기와 그 주위에 배치되어 있었고 또 하나는 애오 강의 하구에서부터 수 킬로미터에 걸쳐 길게 배치되어 있었다.

일본은 한 진영에 2,000여 명이 주둔하고 있는 이 러시아 진영 두 곳을 대포와 곡사포를 갖춘 강력한 포병대의 비호하에 3개 사단 병력(약 3만여 명)으로 공격한 것이다. 애오 강 좌측에 있던 러시아군은 훨씬 우위에 있는 병력에 포위되어 비 오듯 쏟아지는 포탄과 수류탄을 견디지 못했고, 반격도 해보지 못한 채 하마단 쪽으로 후퇴했다. 산꼭대기에 위치한 우측의 러시아군은 좀 더 끈질기게 싸워보았지만 결국에는 패배했고 남은 생존자들은 하마단 쪽으로 도주했다.

일본군은 사태의 효율성을 알았다. 그들은 전방 부대를 보충시키고 적의 퇴각을 막기 위해서뿐만 아니라 속전속결로 승리를 얻어내기 위해 예비 부대를 투입해야 한다고 생각했다. 전투에 참가하지 못해 화가 난 데다가 영광스러운 날에 동참하고 싶어 안달이 나 있는 기운이 펄펄한 예비 부대들에게 추격을 하라는 명령이 내려졌다. 그들은 오른쪽, 왼쪽, 중앙에서 러시아군을 추격했다. 애오 강을 건너느라고 지체된 포병대가 일본군의 빠른 추격을 받게 된 것이다.

후퇴는 전혀 갈피를 못 잡고 말았다. 2개 연대의 러시아군 보충병들은 단 한 방의 총도 쏴보지 못한 채 후퇴하고 말았다(일본군은 이 2개 연대에 대해 별도의 정보를 갖고 있지 않았던 것으로 알고 있다). 하마단은 산봉우리의 기지에서 약 9킬로미터 떨어진 곳에 있다. 러시아군의 대부분은 세 개의 길로 되어 있는, 베이징으로 가는 길인 주요 도로를 통해 도주했다. 그리고 바로 그 길을 통해, 즉 왼쪽으로 나 있는 도로와 오른쪽으로 나 있는 도로 그리고 중앙으로 나 있는 도로를 통해 예비 부대가 도착했고 이어서 포병대가 도착했다.

바로 그때, 본대보다 훨씬 앞장서서 돌진한 일본군 1개 소대가 대포 열다섯 문과 맥심(Maxim) 기관총 여덟 대를 보유한 러시아군의 퇴각을 저지하고 나섰다. 흩어져 퇴각하던 3개 중대가 대포를 중심으로 재편성되었다. 그들은 재빨리 진지를 편성하고 싸울 태세를 갖추었다. 일본군의 나머지 추격 부대는 아직 도착하지 않았었다. 그러나 일본군 소대는 러시아군의 베이징으로 가는 길을 막고 있었다. 그들은 잘 버텼다. 일본군 부대장과 중위 세 명이 총을 맞았다. 장교 단 한 명만이 살아 있었는데 마지막 총알도 발사된 후였다. 이제 러시아군들의 사격만 남아 있었고 그 사격이 시작될 참이었는데 바로 그때 오른편과 왼편, 그리고 중앙에서 일본군들이 도착했다.

러시아군은 세 방향에서 공격을 받았다. 상황은 바뀌었지만 그들도 일본군 못지않게 용기를 갖고 싸웠다. 하지만 대세는 이미 기울어져 있었다. 러시아군도 그걸 알고 있었지만 그들은 고집스럽게도 싸우는 것을 멈추지 않았다. 밤이 되었다. 일본군의 포위망이 점점 좁혀오자 러시아군은 자기들의 말을 쫓아버리고 총의 실탄을 멀리 던져버렸으며 기관총을 못 쓰게 만들고 난 후 항복의 표시로 호주머니에서 흰 손수건을 꺼내 보였다.

또 다른 놀라운 일이 추격 중에 일어났다. 일본군은 혼비백산해 도주하는 러시아군을 쫓아가면서도 러시아군이 퇴각 도중에 반격해올 경우에 대비해 하마단으로 가는 길의 중간 부분에 예비 부대 하나를 배치해놓았던 것이다. 이런 철저한 준비는 일본군의 사기를 크게 북돋아주었다. 사실 그들이 세운 계획을 일단 실행에 옮기려고 나설 경우 그것을 저지할 수 있는 것은 아무것도 없었다. 장교들이 사전에 준비를 철저히 한다는 것을 알고 있는 병사들로부터는 꺾이지 않는 용기가 샘솟기 때문이다.

물론 장교들도 병사 못지않게 용감했다. 4월 30일 밤 부대가 애오 강 앞에 배치되었을 때 과연 그 강을 걸어서 건널 수 있을지 그 누구도 알지 못했다. 그러자 3개 사단의 장교들이 러시아군의 빗발치는 사격이 가해지는데도 직접 옷을 벗고 강의 여러 곳을 직접 답사했던 것이다.

각 사단에서는 '죽음을 무릅쓴' 이 위험한 작전에 자원한 많은 병사들 중에서 몇 명을 뽑았다. 과연 애오 강을 걸어서 건널 수 있을지 불확실했기 때문에 세 가지 작전이 심각하게 검토되었다. 첫 번째 작전은 전투에 투입된 병사들 각자가 실탄과 소총을 나무판 위에 올려놓고 팔로 헤엄을 치며 강을 건너는 것이었다. 두 번째 작전은 같은 작전인데, 나무판 대신에 나무통을 갖고 건너는 것이었다. 세 번째는 수영을 아주 잘하는 병사들이 줄을 뽑아내면서 강을 건너면 나머지 수영을 잘 못하는 병사들이 그 줄을 잡고 건너는 작전이었다. 틀림없이 러시아군은 이렇게도 무서운 공격 때문에 지체 없이 후퇴했을 것이다.

각 사단의 포병 중대는 전화로 사령부와 연결되어 있다. 각 사단들이 전진할 때마다 거미줄처럼 통신망을 친다. 압록강 어귀에 작은 물결이 일어도 사령부에 즉각적으로 연락이 된다. 그래서 총사령관은 대부분이 보이지 않는 넓은 영역에서도 지체 없이 모든 것을 조종할 수 있었다. 일본군이 이용한 발명품들, 즉 무기, 방법, 체제 등 모든 것이 서방세계에서 도입된 것이다(해군은 영국을, 육군은 독일을 모델로 삼았다). 일본은 아시아 민족 가운데서 그것들을 이용할 수 있는 유일한 민족임이 증명되었다.

21장 군 기밀에 너무 예민한 일본군 장교들

1904년 6월 2일, 안동

원거리 전투에서는 모든 것이 잘 되어가고 있었다. 그러나 거리가 점점 더 멀어진다면 그리고 일본군처럼 다른 군대들도 종군기자들의 안전에 더 많이 신경을 쓴다면, 종군기자는 쓸모가 없어질 것이며 많은 종군기자들이 직업을 바꿔야만 할 것이다.

먼저 전선이 수 킬로미터씩 떨어져 있다면 그 어떤 기자도 자신의 눈으로 모든 것을 다 볼 수는 없다. 압록강이 동쪽으로 굽이친 산 너머 수 킬로미터 떨어진 곳에서 일어나는 일들과 압록강이 서쪽으로 굽이친 산 너머 수 킬로미터 떨어진 곳에서 일어난 일들은 종군기자들의 시야에서 벗어나게 된다. 그들은 왼쪽이건 오른쪽이건 눈앞에서 일어나는 일들에 대해 ― 더 정확히 말해서 망원경 앞에서 일어나는 일들이다. 맨눈으로는 아무것도 볼 수가 없기 때문이다 ― 전혀 알 수 없는 데다가 오른쪽에서건 왼쪽에서건 일어나는 일들에 관해 말해주는 사람도 없다. 일본군 장교들은 아무것도 말해줄 수 없다. 그랬다가는 그들이 말하는 군사기밀 누설죄를 범하는 셈이 되기 때문이다.

일본군 장교들이 모든 것을 군사기밀로 간주하지 않았다면 기자가 전선 근처에 접근하는 것을 제지하는 그들의 행태가 불합리하다고 말하지 않겠다. 예를 들자면 한 기자가 길을 가다가 가산이라는 마을에 도착했다. 가산에서는 한 달 전쯤에 소규모 총격전이 벌어졌었다. 이곳은 최전방에서 150킬로미터 떨어진 곳이었다. 그 기자는 언덕에 무덤이 몇 개 있는 걸 보자 한 장교에게 이렇게 물어보았다. "일본군 전사자는 몇 명이었습니까?" 그는 소령이었는데 이렇게 대답했다. "말할 수 없습니다. 군사기밀이니까요."

이 이야기가 과장된 것처럼 보일지 모르지만 그렇지 않다. 이것은 아주 전형적인 실례이다. 사방의 모든 것이 군사기밀이다. 기자들은 군사기밀에 둘러싸여 있다. 그들은 또 다른 군사기밀 속에 둘러싸이게 될까 두려워서 다른 곳으로 이동할 수도 없다.

오직 일본인들만이 군사기밀을 처리할 수 있다. 군사기밀을 누출시키려면 먼저 이 나라의 검열을 받고 확인을 받아야 한다. 확인을 받으면 조선인 통신원으로 하여금 그 기밀을 남쪽으로 300킬로미터 지점에 위치한 평양까지 보내야 하며, 이곳에서 다시 그 기밀은 서울에 있는 기자에게 전보로 보내지고 서울에서 또다시 일본을 통해 기자가 소속된 신문사로 송신된다. 만약에 군사기밀이 평양으로 가는 그 파란만장한 여정에서 살아남아 시사성을 갖는다 해도 그것은 이 나라 밖으로 나가지 않을 것이다. 일주일쯤 지나면 평양에 있는 기자가 모든 통신이 중단되었다는 내용의 메시지를 보낼 것이고 그것이 배달부를 통해 전달될 것이다. 그러므로 군사기밀은 '카르카손으로 떠난 농부'*처럼 여행 중에 슬며시 늙어 죽어버리게 되어 있다.

일본군에게 기자는 불청객인 동시에 주빈(主賓)이라는 비정상적인 존재다. 기자들은 그들의 온갖 노력을 허사로 만드는 장벽 앞에서 자신들이 불청객임을 깨달을 수 있고, 각종 만찬에 주빈으로 참석해달라는 일본군의 간절한 청 앞에서는 주빈의 입장에

---

* 1900년대의 어느 유명한 어느 노래 가사 중 일부이다. 한 농부가 카르카손에 근접할 때마다 여러 가지 통제 때문에 그곳에 들어가지 못한다. 그는 우여곡절 끝에 결국 그곳에 들어갈 수 있었지만 너무 늙어 죽고 말았다는 내용이다.

놓였다. 일본군은 총격전이 있을 것 같으면 기자들에게 전갈을 보내오는데, 지정된 장소로 모이면 그곳에서 홍보장교의 설명을 듣게 될 것이라고 통보한다. 그리고 기자들은 개인적으로 어떠한 행동도 할 수 없다는 통보도 덧붙인다. 나는 작전 전날에 사령부에서 내려온 지시를 잘 기억하고 있는데, 4월 29일의 지시들을 발췌해본다.

현재 진행 중이거나 앞으로 전개될 군사작전에 대해 발표할 공식적인 사항은 없다. 총사령부에서는 공식적으로 강 양안에서 포가 발사된 것을 인정한다.

상부에서 지시가 내려올 때까지 당분간 전선(戰線)에 관련된 모든 무선 전문은 금지한다. 이 지시가 준수될 수 있도록 필요한 모든 조치가 내려져 있다. 기존의 검열을 좀 더 엄격하게 강화시키는 방법이 강구될지도 모른다.

오늘부터 상부의 지시가 별도로 있을 때까지 일본군 점령 지역에서 사진을 찍거나 스케치를 하는 등의 모든 행위가 일절 금지된다. 허가를 요청해도 소용없다. 그런 종류의 요청은 검토되지 않을 것이다. 기자들은 모든 군사작전을 지켜볼 수 있다. 그러나 전선에서 아주 멀리 떨어져 있어야 하며, 특정 장소에 접근하는 것을 금한다.

이 마지막 지침의 야릇한 행동 규제는 전선 내의 거의 모든 장소에 근접하는 것을 금지하고 있는데, 거기에는 기자들이 전선 근처에 몰래 접근하는 것도 포함된다. 내가 가장 근접할 수 있었던 포병대의 위치는 언덕 정상에서 1킬로미터 떨어진 곳이었다. 그 부대는 전투 중이 아니었는데도 근접이 금지되어 있었다. 나는 언덕에 기어올라 가 겁을 잔뜩 먹고 벌벌 떨며 망원경으로 살펴보았다.

사진 찍는 것이 완전히 금지되기 전에 나는 겁도 없이 군의 대장장이와 그의 풀무를 찍은 적이 있다. 나는 순진하게 '아무리 그래도 이 정도는 군사기밀에 해당되지 않겠지'라고 생각했다. 말을 타고 15분쯤 달렸을 때 나는 영어를 할 줄 모르는 병사에게 붙잡혔다. 나는 신분증과 팔에 달고 다니는 일본군의 공식적인 배지를 보여주었다. 그래도 아무 소용이 없었다. 나는 무엇인가 심각한 일에 연루되었음을 예감했다. 그는 내게 한 발자국도 움직이지 말 것을 명령했고, 그곳에서 기다리는 동안 나는 내가 도대체 어떤 군사기밀을 나도 모르는 사이에 훔쳤을까 머리를 싸매고 생각했다.

생각나는 건 아무것도 없었지만 어쨌든 내가 어떤 군사기밀을 숨기고 있음은 틀림없었다. 한참 후에 나는 한 장교 앞으로 인도 되었다. 그는 대위였고 그가 구사하는 영어는 내가 하는 영어보다 훨씬 더 순수하고 정확하다는 느낌이 들 정도로 훌륭했다.

"당신은 군 대장장이의 사진을 찍었지요?"

그는 나무라는 어조로 나를 비난했다.

나는 절망적인 심정으로 고개를 끄덕임으로써 내 죄를 인정했다.

"그걸 내놓으시오." 그가 말했다.

"말도 안 됩니다." 내가 발끈했다.

"내놓아야만 합니다." 그가 반복해 말했다.

그러자 그는 부하들과 이런저런 의견을 교환하고 나서 내가 그 사진을 가져도 좋다고 말했다. 그러나 그는 내가 온 길은 금지구역이므로 다시 돌아가야 한다고 덧붙였다. 나는 돌아갔다. 그러나 전화가 나보다 먼저 앞질러 간 게 틀림없었다. 내가 도착하기도 전에 사령부의 모든 사람들이 나의 비행에 관해 벌써 알고 있었으니까 말이다.

이곳에서 종군기자의 역할은 – 내가 경험한 바에 의하면 – 일본이 끔찍이도 아끼는 초대받은 주빈들이 부상당할 위험이 없는 언덕의 뒤편에 머무르면서, 거기서 총소리를 듣고 멀리서 총을 쏘는 사람들의 위치를 알려고 헛된 수고를 하며, 자기가 뭘 할 수 있고 뭘 할 수 없는지에 관해 사령부의 지시를 받고 자신의 추측이나 자신이 알고 있는 기밀들을 매일같이 검열을 받으며 아래의 규칙 제4조를 지키는 일 등이다.

"종군기자는 용모를 단정히 하고 행동을 바르게 하며 그 어떤 경우에도 부당한 방법으로 처신을 하면 안 되고 절대로 사령부의 사무실 안에 들어가서는 안 된다."

이로부터 예외적인 이들이 있는데, 그들은 최전방 군대의 종군기자들이 소위 '특파원'이라고 부르는 사람들이다. 그들이 하는 일은 전보를 치든 배달부를 이용하든 어떻게 하든 무슨 방법을 동원해서라도 정보를 나라 밖으로 가능한 한 가장 빨리 보내는 것이다. 하지만 이곳에서 그들이 일을 시작하려면 가장 먼저 검열을 거쳐야 한다. 정보를 아무리 어렵게 수집했어도 또한 그것이 아무리 사소한 것이라 할지라도 검열을 거쳐야만 송신할 수 있는 것이다. 뉴스가 일본에 도착하려면 아무리 **빨라도 5일**이 걸린다. 일본에서 그 소식은 전 세계로 나가게 된다. 그러나 사령부는 도쿄와 전화로 직접 연결되어 있다. 이것은 사령부에서 보내는 소식이 '특파원'이 보내는 소식보다 5일 앞선다는 뜻이다. 게다가 사령부에서 보내는 소식들이 더 정확하고 상세하다. 설상가상으로 도쿄에 있는 고위 당국이 최전방 군대의 검열관보다 훨씬 관대했다. 그렇기 때문에 '특파원'이 보낸 정보가 도쿄에 도착하기도 전에 이미 완성된 보고서가 전 세계에 보내지는 것이다. 만약에 앞으로 다른 나라들도 일본을 흉내 내려 한다면 '특파원'의 존재는 사라질 것이다. 그들이 더 이상 존재할 이유가 없는 것이다. 교전국의 수도에 위치한 정상적인 정보체제도 이것보다는 훨씬 나았다.

글을 쓰는 것도 마찬가지이다. 마치 여행객들이 안내원으로부터 관광 안내를 받듯이 군 장교들로부터 후방에서 안내를 받아야 하는 것과 군사기밀을 유지하기 위한 엄격한 규제와 검열은 기자들이 글을 쓰는 일도 포기하게 만들었다. 글로 보내는 작업도 마찬가지이다. 예를 들어, 보이지 않는 전투를 두세 개 묘사했는데 그것이 검열관에 의해 삭제되고 나면 전혀 쓸모가 없어진다. 전쟁이 다 끝날 때까지 소총과 대포 소리, 포탄과 수류탄이 터지는 소리, 그리고 병사들이 움직이는 그림자나 묘사하며 시간을 보낼 수는 없는 일이었다. 또한 후방에서 흔히, 아주 흔히 보는 유일한 것이나 아직은 군사기밀에 해당되지 않는 군 수송에 대해 계속해 쓸 수만도 없는 노릇이었다.

개인적으로 나는 종군기자가 어떤 일을 해야 한다는 내 나름대로의 확고한 생각을 갖고 이 전쟁에 참가했다. 나는 종군기자의 전사율이 병사의 전사율보다 더 높다는 것을 알고 있었다. 나는 카르툼*이 포위 공략당했다가 가넷 울슬리(Garnet Wolseley)**에 의해 탈환될 때 많은 기자들이 죽은 것을 기억하고 있다. 나는 조지프 러디어드 키플링의 소설 『꺼져버린 불빛 (The Light that Failed)』을 읽었다. 스티븐 크레인(Stephen Crane)이 쿠바에서 포화 속의 장면들을 묘사한 것이 아직도 기억 속에 남아 있다. 나는 모든 종류의 전쟁이나 전투에 참여한 종군기자들은 누구를 막론하고 가장 격렬한 전투의 현장 속에 있기 때문에 생명이 위태롭지만 불멸의 순간들을 산다고 알고 있었다. 간단히 말해서 나는 많은 것을 체험하려고 이 전쟁에 참가했다. 그러나 내가 체험한 것은 분노와 불쾌감뿐이었다.

---

* 수단의 수도./ 옮긴이 주
** 1833~1913년 영국의 육군 원수. 가나 중부의 아샨티 왕국을 정복을 지휘하고 영국의 근대화를 추진했다./ 옮긴이 주

일본에 의해 무용지물이 된 종군기자의 역할[*]

1904년 7월 1일

    요코하마에 도착했을 때 나는 두 가지 길이 내 앞에 놓여 있음을 곧 알게 되었다. 즉, 일본인들이 원하는 대로 도쿄에 눌러앉아 수많은 만찬을 따라다니며 배를 불릴 것인가 아니면 나 자신만을 의지하고 떠날 것인가였다. 나는 도쿄를 떠나서 조선 북부에 주둔하고 있는 일본 제1군과 두 달간 같이 지내며 내가 보고 싶은 것을 다 보고 사진도 찍었다. 나에 관한 특별한 지시는 없는

---

[*] ≪샌프란시스코 이그재미너≫지의 기자로 동양의 전쟁에 파견되어 새로운 상을 받음으로써 자신의 문학적 명성을 다시 한 번 떨친 잭 런던이 어제 '조선전쟁'에서 돌아왔다. 그는 다음과 같은 내용의 글을 발표했다./ ≪샌프란시스코 이그재미너≫지의 편집자 주

것 같았으며 그들은 내가 따라다니도록 내버려두었다. 서울로 돌아오라는 명령을 받았을 때 나는 이미 일본군을 따라 북쪽으로 꽤 많이 가 있었다.

그래서 나는 서울에서 우리 중 몇 명이 전방으로 가도록 지명될 때까지 다른 기자들과 함께 한동안 기다렸다. 열네 명이 선택되었다. 나는 병사들과 함께 여행하도록 정중한 허락을 받은 행운아 중 한 명이었다. 그러나 내 행운은 장교를 안내인으로 둔 여행사의 관광 여행이나 다름없었다. 우리는 허락받은 것만을 보아야 했으며, 장교들의 주된 업무는 우리가 아무것도 못 보도록 막는 일이었다.

우리는 수행장교가 데려간 높은 의주 성벽에서 압록강 전투의 일부를 목격했다. 우리는 전투가 개시되는 광경을 지켜보았다. 최후의 절망적인 저항이 벌어졌던 하마단까지의 9킬로미터에 걸친 추격전은 격렬했다. 이 전투에서 일본군 1개 중대가 전멸당했다. 그러나 우리는 이 전투에 종군하도록 허용되지 않았을 뿐 아니라 어떤 정보도 얻을 수 없었다. 오히려 압록강 남쪽의 세 번째 산맥 뒤에 위치한 우리 진영으로 돌아가라는 명령을 받았다. 이 전투는 5월 1일에 벌어졌는데 우리는 9일이 되어서야 그에 관한 정보를 통보받을 수 있었으며, 게다가 지역 검열관은 그 정보들의 사용을 금지시켰다.

그때부터 제1군에 종군하는 기자들에 대한 대우는 점점 더 엄격해졌다. 우리는 압록강을 건너 풍왕정(Feng-Wang-Cheng)까지 갔다. 우리는 그곳에 여장을 풀고 캘리포니아에서나 어울릴 법한 캠핑 생활을 하며 즐거운 시간을 보냈다. 우리는 절이 있는 작은 숲속에 자리를 잡았다. 각자 훌륭한 작은 캠프를 갖고 있었고 특별히 할 일은 없었다. 우리는 그곳에서 2주일을 보냈는데, 매일 목욕을 하거나 브리지 등 여러 가지 게임을 하며 지냈고, 우리가 무엇인가를 볼 수 있는 가능성을 막고 있는 사람들에게 가벼운 항의를 하기도 했다. 그러나 그들은 우리가 풍왕정 마을에서 반경 2킬로미터 밖으로 나가지 못하도록 우리의 행동반경을 제약했다. 그 범위에는 변동이 없었으나 우리는 행동을 개시했다.

우리는 합동으로 문안을 작성하고 서명을 해 이곳에 더 이상 머무는 것은 괜한 시간 낭비라는 사실을 알리는 전보를 프랑스, 영국, 미국 등지의 소속 신문사로 보냈다. 그러나 일본인들은 평상시대로 모든 것을 그들에게 유리한 쪽으로 만들었다. 본질과 관계되는 것을 제외하고 모든 것을 추상적으로 다루어 전보를 돌려보내 온 것이다. 그들은 우리에게 더 많은 행동의 자유를 주겠다고 약속했으나 그 약속은 지켜지지 않았다. 나는 혐오감을 느끼며 그곳을 떠났다. 그곳에는 사찰의 평화로운 광경과 기자들의 불평뿐, 볼 것도 묘사할 것도 전혀 없었다.

일본인은 어떤 때는 철학을 논하다가 금방 진흙놀이를 하는 변덕스러운 아이와도 같다. 어느 순간에는 서양의 지혜를 가지고 행동하다가 그다음에는 동양의 유치함으로 행동하는 것이다. 예를 들자면, 그들은 압록강을 도하하기 전 풍왕정에서 기자들이 전문을 보내는 날짜를 밝히는 것을 금지시켰는데, 그 이유인즉슨 러시아군이 미국이나 영국 신문의 기사를 읽고 제1군 사령부 옆에 기자들이 주둔해 있을 것이라고 추정하면 제1군 사령부의 위치가 알려지게 된다는 것이었다. 그러나 기자들은 기사 문구 안에 자기들이 의주에 있다고 써넣음으로써 일본군의 제약을 피했다. 일본군은 또한 자기들이 압록강에 다리를 세우고 있다는 사실을 러시아군이 아는 걸 원치 않았다. 일본군은 러시아군이 신문에서 그런 기사를 읽지 못한다면 일본군이 그런 식으로 강을 건너리라는 것을 절대로 상상할 수 없으리라고 생각했다. 그래서 한 기자는 다음과 같은 방법으로 어려움을 극복했다.

일본군은 강에서 나무 들보들을 운반하고 있다. 그 목적을 밝힐 수는 없다. 말할 수 있는 것이라고는 단지 그들이 그곳에 샘을 파고 있지는 않다는 사실이다.

풍왕정에서 일본인들은 우리에게 말하기를, 전쟁 초기에는 자기들의 기병대가 러시아군보다 훨씬 열세인 줄 알았지만 수많은 전투를 해보니 자기들의 기병대가 우위에 있다는 것을 알게 되었다는 것이었다. 그들은 홍보용으로 자신들의 기병대를 계속해서 세워놓았을 뿐만 아니라 수차례의 전투에서 단 한 명의 부상자도 없었다고 공식적으로 우리에게 발표를 하고는 했다. 일본군 당국의 사정에 어두운 한 기자가 다음과 같은 내용의 전문을 작성해 보냈다.

양국의 정찰대 간에 전투가 수차례 벌어졌는데 그로써 양측 모두 약간의 손실을 입은 것으로 보인다.

이 전문의 번역본을 본 하지노 소령은 불같이 화를 냈고, 그 빌어먹을 전문을 주먹으로 치고는 직접 들고서 참모장교에게 달려갔다. 약간 진정이 되어 돌아온 그는 그 전문이 일본군의 체면을 떨어뜨렸기 때문에 보낼 수 없다고 말했다. 이 기자의 불행은 그것으로 끝나지 않았다. 그는 숙소에 돌아오자 다른 동료들에게 비난에 가까운 질책을 받았는데 왜냐하면 다음과 같이 전문을 작성하지 않았기 때문이다.

양국의 정찰대 간에 전투가 수차례 벌어졌는데 러시아 측은 심각한 손실을 입은 반면 일본 측은 아무런 피해도 안 입은 것 같다.

내가 본국으로 돌아가려고 요코하마에 들렀을 때 인내심을 갖고 일본인의 예절 법칙에 응한 다른 기자들은 아직도 도쿄에 남아서 만찬에 참석했으나 뒤에서는 욕을 하고 있었다. 그들이 배속된 부대들은 몇 주 전부터 피 흘리는 전투를 하고 있었다. 그러나 그들은 전방에 가도 좋다는 허가가 언제 내려질지 언질도 받지 못하고 있었다. 나는 리처드, 하딩, 데비스, 존, 폭스 등을 남겨두고 미국으로 떠났는데, 그들은 총소리를 단 한 번이라도 들어야 미국으로 돌아오겠다며 내게 작별 인사를 했다. 그러나 그것은 불가능한 일이었고 그들은 몇 달 동안 기다리다가 단 한 방의 총소리도 듣지 못하고 본국으로 돌아왔다.

일본인은 기자들의 세계라든가 사고방식, 즉 백인의 사고방식을 이해할 수 없었다. 일본인들은 호전적인 인종에 해당한다. 일본의 옛날 신분 계급 중에서는 무사가 가장 높은 자리를 차지했다. 다음이 농부이고 그다음이 상인이며 맨 밑이 선비다. 사실상 이런 차별은 아직도 존재했다. 서방의 기자들은 단정한 옷차림을 하고 점잖게 행동하라는 지시를 서면으로 받아야 했다.

일본인들은 백인들이 직선적으로 말하는 것을 이해하지 못했다. 바로 이것이 기자들의 요구가 왜 끝없이 뒤로 미뤄지는가에 대한 이유 중의 하나다. 기자들은 일본인에게 직설적으로 말한다. 그러나 일본인은 이것을 있는 그대로 받아들이지 않는다. 일본인은 기자가 속마음에 무엇인가를 숨기고 있다고 믿으며 그들이 뭘 감추고 있는지 알아내려고 심사숙고하는 데 하루 내지는 일주일을 보낸다. 그리고 나서 그 일본인은 기자와 또 다른 대담을 갖지만 기자가 새로 한 말들에 대해 또 심사숙고해야 하므로 기자의 관점에서 보면 진전되는 것이 아무것도 없다.

만일 러시아에 혁명이 일어나지 않았더라면 그리고 열강들이 개입하지 않았더라면 과연 일본이 승리할 수 있었을까? 현대전에서 승패를 결정짓는 것은 전쟁터에서의 영웅주의가 아니고 경제정책이다. 지상전과 해전에서 혁혁한 승리를 거두어 모든 특권을 쟁취한 일본은 관세에 의해 보장된 차관을 6퍼센트로 얻어냈다. 관세에 새로운 특권이 될 이 차관을 몇 퍼센트로 요구했어야 하는가? 그리고 전쟁이 계속되거나 참패를 당할 경우 몇 퍼센트가 요구될 것인가? 이 차관은 국가 고위층들의 굉장한 실수였고, 그것을 갚는 일은 뤼순 항을 쟁취하는 것보다 더 어려운 작업이 될 것이다.

23 잠자는 호랑이 중국

1904년 6월, 풍왕정에서

   종이집*이 많고 벚꽃이 만발한 일본이 미국과 문화적 차이가 나는 것만큼 조선과 중국도 뚜렷한 대조를 이룬다. 그런데 중국인들을 정확하게 평가하려면 우선 조선인과 몇 달간 지낸 후에 압록강을 건너 만주로 가는 것이 좋을 것이다. 더욱 정확한 평가를 내리려면 기발한 방법이 있는데, 그것은 나처럼 적의에 가득 찬 군대의 발에 채이며 압록강을 건너는 것이다.

   오늘날 전쟁은 인간사의 마지막 심판대이며 또한 국민성을 최

---

* 서양의 집과 달리 창문, 문, 등 같은 것들이 종이로 만들어진 것에 대한 표현이다.

후로 시험하는 관문이다. 이 시험에서 조선 백성은 실패했다. 외국 군대가 자기 나라를 통과해 가려고 하자 어려움을 이기지 못하고 모두 도망갔다. 그들은 문짝이며 창문이며 할 것 없이 주워 갈 수 있는 것 모두를 등에 지고 들키지 않을 은신처인 산으로 발길을 돌린 것이다. 후에 그들은 어쩔 수 없는 호기심에 끌려 구경을 하려고 마을로 내려왔다. 하지만 그것은 정말로 단순한 호기심에 의해서였다. 그들은 약간의 위험만 느끼면 언제라도 서둘러 도망칠 준비를 하고 있었다.

조선의 북쪽 지방은 일본군이 통과할 때 이미 황폐해진 상태였다. 도시와 마을은 텅 비어 있었고 논과 들은 버려져 있었다. 김을 매지도 않았고 파종도 하지 않았으며 들에는 녹색식물이 아예 보이지 않았다. 우리는 아무것도, 아니 거의 아무것도 구입할 수가 없었다. 우리는 각자 생필품 등을 가지고 다녀야 했을 뿐만 아니라 매일 저녁 말의 사료와 하인들의 식량을 구해야 하는 어려운 문제를 풀어야 했다. 거의 모든 마을에서 종류를 막론하고 단 한 톨의 곡식도 구할 수 없었지만, 흰옷을 입은 건장한 조선인들이 모여 1미터 정도 되는 긴 담뱃대로 담배를 피우며 끝도 없이 잡담을 하는 광경은 쉽게 볼 수 있었다. 돈으로도 힘으로도 말로도 그 어느 것으로도 말의 편자 하나, 아니 편자의 못 하나도 그들에게서 얻어낼 수가 없었다.

조선인들은 어떠한 부탁을 들어도 한결같이 대답했다. "Upso!" 이 밉살스러운 말은 "우리는 없다"라는 뜻이다.

그들은 아마도 그날 '구경이나 좀 하려고' 60킬로미터에서 70킬로미터는 족히 걸어왔을 것이다. 그리고 그날 자기들이 본 것에 대해 이러쿵저러쿵 짚고 까불며 온 길로 열심히 다시 돌아갈 것이다. 그들이 당신의 야영장 주위에서 너무 시끄럽게 떠들면 한번 위협적으로 몽둥이를 휘둘러보라. 곧 어둠 속에서 키가 크고 날렵한 유령들이 유연한 몸짓으로 성큼성큼 걸어오거나 사슴처럼 가볍게 뛰어나와 당신을 둘러싸는 것을 보게 될 것이다. 그들의 체격은 훌륭하다. 깡마르고 근육이 단단하다. 하지만 그들은 우연히 자기 나라에 들어오는 외국인에게 반항하지도 않은 채 두들겨 맞거나 가진 걸 전부 빼앗긴다.

나는 말을 타고 압록강의 모래섬들을 지나 이처럼 맥없고 자포자기한 조선을 떠났다. 몇 주 동안 이 섬들은 양쪽 군대가 격렬하게 싸운 최전방으로 무시무시한 장소였었다. 하늘은 공중을 날아다니는 포탄들의 굉음에 의해 찢어졌다. 마지막 전투의 울림이 겨우 꺼지고 나자마자 일본군의 부상병들과 시체들이 그곳을 통해 지나갔다. 뽀족산에서 수백 미터 떨어진 곳에서는 러시아군들이 파놓은 참호나 일본군이 쏜 포탄에 의해 움푹 파인 구덩이 속에 러시아군의 시체들이 묻혀 있었다.

그 북새통 속에서 어떤 사람이 열심히 일을 하고 있었다. 그곳에는 파란 잎이 돋아나고 있었는데 – 그것은 어린 파였다 – 그걸 뽑던 이는 일을 잠시 멈추고 내게 한 묶음을 팔았다. 그 옆에는 러시아군이 후퇴하면서 불 지른 농가가 검게 그을려 있었다. 두 사람이 그곳에서 집을 다시 지으려고 부서진 잔해를 치우고 있었다. 그들은 푸른 옷을 입었고 머리를 길게 따서 등 뒤로 늘어뜨리고 있었다. 나는 중국에 들어와 있는 것이었!

나는 계량정 마을에서 강변 쪽으로 말을 타고 가고 있었다. 긴 담뱃대를 물고 수다를 떨며 쓸데없이 구경이나 다니는 사람들이 이곳에는 없었다. 어제는 러시아군이 이곳에서 피 흘리는 전투를 벌였고 오늘은 일본군이 들어와 있지만 그것에 대해 말할 필요가 있는가? 모든 사람이 일을 하고 있었다. 거리에서는 상인들이 달걀이라든가 닭, 과일뿐만 아니라 심지어는 식빵과 둥근 빵 그리고 모닝빵까지도 팔고 있었다. 나는 말을 타고 시골에도 갔다. 시골 어디에서나 중국인들의 활동적인 면을 엿볼 수 있었다. 집과 벽은 단단하고 견고해 보였다. 조선의 집들이 진흙으로 만든 것인데 비해 이곳의 집들은 돌과 벽돌로 만든 것이었다. 날이 저물고 어둠이 깔렸는데도 농부들은 여전히 밭에서 쟁기를 갈았다. 너무 짐을 많이 실어 수레가 삐걱거리며 움직였고 대여섯 마리 정도 되는 암소와 말, 노새, 망아지, 당나귀 등이 수레를 끌고 다녔으며, 또한 걸음마도 제대로 못하는 송아지가 수레바퀴 자국이 난 곳에서 어미 소 곁을 따라다녔다. 정말로 모든 사람이 일을 하고 있었다. 길을 고치고 있는 사람도 볼 수 있었다. 내가 중국에 있다는 것이 새삼 실감되었다.

나는 안둥에서 한 상인의 집을 방문했다. 그는 곡식을 파는 사람이었다. 튼튼한 광주리와 부대 속에 수백 말의 콩과 잡곡이 있었고 뒤뜰에서는 돌절구가 쉴 새 없이 돌아가면서 가루를 만들었다. 그곳에는 또한 가죽을 만드는 건물도 있었다. 나는 그에게서 말에게 먹이려고 곡식 한 되를 샀는데 그는 30센트를 슬쩍했다. 나는 중국에 있었다. 안둥은 일본군들로 꽉 차 있었다. 그곳은 전쟁을 심하게 치른 곳이었다. 그러나 전쟁은 안둥에 별 큰 영향을 주지 못했다. 안둥에서의 생활은 마치 아무런 일도 일어나지 않았던 것처럼 계속되었다. 가게 문은 활짝 열려 있었고 길은 행상들로 가득 차 있었다. 원하는 것은 뭐든지 살 수 있었고 어떤 제품이라도 구입할 수 있었다. 나는 중국 음식점에서 식사를 했고 공중 목욕탕의 독탕에서 몸을 닦아주는 소년의 시중을 받으며 목욕을 했다. 그리고 연유와 야채 통조림, 빵과 케이크도 샀다. 다시 말하지만 케이크를, 그것도 맛있는 케이크를 샀다. 나는 포크와 나이프 그리고 그릇과 잔도 샀다. 그곳에는 편자도 있었고 대장장이도 있었다. 한 대장장이는 한 번도 만들어본 적이 없었음에도 내가 설명해주는 대로 텐트의 버팀목을 만들어주었다. 나는 구두를 수선하도록 맡겼고 이발소에서 머리도 감았다. 하인 덕분에 스팸과 포도주와 코냑을 구할 수 있었고 맥주를, 내 목에 있던 모든 군대의 먼지를 씻어주는 성스러운 맥주를 마실 수 있었다. 나는 가나안 땅에 와 있었다. 중국 땅에 와 있었던 것이다.

조선인은 비능률적인 타입의 전형이다. 반면 중국인은 근면한 민족의 전형이다. 이 세계의 어떤 노동자도 일한다는 것이 어떤 것인지를 말하는 데 중국인과 비교할 수 없다. 중국인은 일을 하고 싶어 하며, 일이야말로 그들이 사는 이유다. 중국인이 일하는 방식은 다른 민족에게는 먼 나라에서의 전쟁이라든가 방황 아니면 정신적인 모험이다. 중국인에게 자유는 고통을 주는 방법의 통로라고 요약할 수 있다. 땅을 경작하고 원시적인 기구로 한없이 일하는 것이 그들이 인생에 요구하는 것의 전부다. 일이야말로 그들이 가장 간절하게 바라는 것이고, 그들은 어느 누구를 위해서든지 어떤 것을 막론하고 일을 할 것이다.

다쿠 요새를 점령할 때 공격대의 선봉에게 사닥다리를 가져다 주어 성벽에 갖다 대게 한 것은 중국인이었다. 그들이 그렇게 한 것은 애국심 때문이 아니고 침입자인 몹쓸 외국인이 주는 일당 50센트 때문이었다. 전쟁은 그들에게 공포심을 주지 못했다. 그들은 전쟁을 비가 온다거나 해가 내리쫸다거나 계절이 바뀌는 자연현상쯤으로 받아들였다. 그들은 전쟁을 준비하고 안내하고 견뎌냈다. 전투의 물결이 밀려갔지만 포성은 아직 저 먼 계곡에서 울려왔다. 그런데도 벌써 사람들은 조용히 몸을 굽혀 늘 해오던 일을 다시 시작했다. 그뿐 아니라 전쟁은 뜻밖의 열매를 가져다 주기도 했다. 시체가 차가워지기 전에 그리고 군대가 도착해 시체를 매장하기 전에 그들은 전쟁터로 달려가 찢겨진 시체를 뒤져 수류탄을 줍고 포탄 구멍을 샅샅이 뒤져 쇳조각들을 주웠다.

중국인은 겁쟁이가 아니다. 다른 나라 군대가 자기 마을을 점령하면 그들은 문짝과 창문을 짊어지고 산으로 숨는 것이 아니라 남아서 그것들을 지킨다. 그들은 닭과 달걀 등 자신들의 재산을 멀리 숨겨놓는 법이 없다. 대신 그들은 지체 없이 그것들을 팔아넘기는 데 주력한다. 그들은 가격을 낮추는 따위의 바보 같은 짓을 하지 않는다. 만약 물건을 사는 사람이 전쟁의 승리감에 도취되고 우월감에 빠져 안하무인인 병사일 경우에 어떤 일이 일어날까? 중국인이 지난 해 따서 보관해둔 좋은 배 두 개를 5센*에 팔거나 같은 가격에 작은 것 세 개를 팔려고 한다고 하자. 이때 만약 한 병사가 좋은 배 세 개를 갖고 도망친다면 어떤 일이 일어날까? 그리고 20여 명의 다른 병사가 배를 사려고 서로 밀치면서 그의 주위로 몰려든다면? 중국인은 다른 중국인에게 자신의 배가 담긴 주머니를 맡기고 배를 갖고 도망간 병사의 뒤를 쫓아 그에게서 배를 뺏기 전까지는 돌아오지 않을 것이다.

중국인은 여태껏 그들의 전유물처럼 간주되어온 보수주의 정신을 더 이상 갖고 있지 않다. 중국인들의 지난 역사로 볼 때 그들이 새로운 사상과 방법을 꺼리는 것처럼 보일지도 모르나 사실은 그렇지 않다. 중국인들의 규범과 전통과 사고방식이 수세기 동안 변하지 않은 것은 사실이다. 그렇지만 그것은 그들의 정부가 문인계급의 손에 있었고 그 선비들이 모든 진보 사상과 대항해 싸우며 권력을 유지해왔기 때문이다. 의화단 사건이라든가 철도 부설이나 외국에 대한 나쁜 흉계의 이면에 깔려 있는 이념은 문인계급의 머리에서 나왔고 그들의 선전과 팸플릿에 의해 조작되어왔다.

---

* '센'은 '엔'의 100분의 일이다.

중국인의 발명 정신과 모험 정신은 수십 세기 동안 말살되어 왔다. 자신을 표현하는 방법은 오로지 일뿐이었고 그 일은 삶의 목적이 되고 말았다. 하지만 새로운 사상에 대한 중국인들의 감수성은 금세 입증되었다. 중국인은 일본인보다 기업 관계에서의 서구적인 규범과 예의를 훨씬 더 잘 이해했다. 예를 들면 그들은 약속을 지키고 계약을 이행하는 것을 배웠다. 반면 일본인은 그것을 이해하지 못했다. 어떤 시점에서 일정 기간 유효한 계약을 맺은 일본인 상인은 여러 가지 상황이 바뀌어서 그 계약이 손해를 유발할 경우 자기가 왜 그 계약을 계속해서 이행해야 하는지 그 이유를 이해하지 못했다. 그는 자기가 그 계약을 지킴으로써 손해를 보아야 한다는 것을 인정하는 상도덕을 혐오했다. 일본인은 뜻밖의 변화가 생기면 계약을 해지할 수 있는 것이라고 굳게 믿고 있다. 물론 그들은 다른 모든 분야에서 아주 잘 적응하고 있지만 이런 기업 관계의 개념은 이해하지 못했다. 반면 중국인은 그것을 잘 이해했다.

여기 4억 명의 인구에 산업혁명을 이룩한 20세기의 막대한 자원, 즉 상업 문화의 골격을 형성하는 석탄과 철 등을 소유한 넓은 영토의 중국이 있다. 중국인들은 일을 하는 데 지치지 않는 민족이다. 그들은 낡은 체제와 방식과 사상에 갇혀 있지 않다. 통치만 잘 된다면 그들은 어떠한 것이라도 해낼 수 있을 것이다. 현 정권은 그들 스스로를 황인종의 선두 주자로 자처했지만, 현 정부와 위정자들은 경직되어 있고 유연성이 결여되어 있다. 그것이 바로 그들의 선조처럼 그들의 사고에 제약 요인이었다. 지나온 시대의 무게와 그들의 정신에 남아 있는 흔적에 익숙해진 집권계급은 절대로 그것으로부터 자유로워질 수 없다. 하지만 그것이 바로 그들에게 자살행위였으며 그들도 그것을 알고 있다.

일본인들이 중국에 들어오고 나서부터 안둥이나 풍왕정이나 만주의 다른 도시에서 다음과 같은 장면을 흔히 볼 수 있었다. 어느 날 집에 들어가려고 발길을 재촉하고 있었는데 어두운 길목에 종이로 만든 램프가 땅바닥에 놓여 있었다. 한쪽에는 중국인 민간인이 쭈그리고 앉아 있었고 또 다른 쪽에는 일본인 병사가 앉아 있었다. 한 명이 흙 위에 손가락으로 괴상하고 요상한 글자를 긁적거렸다. 다른 한 명이 알아들었다는 표시로 머리를 끄덕이더니 상대방이 쓴 글자를 지우고 그와 비슷한 다른 글자를 그렸다. 그들은 대화를 나누고 있었다. 그들은 말은 서로 통하지 않았으나 글은 통했다. 아주 오래전에 한쪽이 다른 한쪽으로부터 글자를 빌려 갔기 때문이다. 두 나라의 언어는 뿌리가 같았고 몽골에서부터 파생된 것이었다.

여러 가지 다른 환경과 서로 다른 혈통으로 변모되고 다르게 발전되었지만 본질적으로 그들은 같은 세포로 연결되어 있고 같은 문화유산을 공유하고 있다. 세월이 지우지 못한 인종 간의 유사성이 남아 있는 것이다. 아마도 말레이족과의 혼혈로 일본 민족이 강력하고 지배적인 성향의 민족이 되었는지 모르지만, 역사적으로 입증되는 바와 같이 그들은 상업은 멸시해왔고 항상 전투만 일삼아온 호전적 인종이다.

오늘날 백인에 의해서 가장 완벽한 수준으로 발명된 파괴체제와 가장 우수한 살인 기계들을 갖춘 일본은 새롭게 제국주의 세력으로 등장해 정복의 길로 들어섰는데 아무도 그들의 궁극적인 목적을 알지 못한다. 일본의 위정자는 야심만만한 꿈을 꾸고 있고 동시에 일본 국민도 나폴레옹처럼 눈먼 꿈을 꾸고 있다. 일본인들은 이 꿈에 불도그같이 끈질기게 집착할 것이다. "일본, 만세!"를 외치며 의주성을 기어오르는 병사나 자신의 유일한 보호자인 외아들이 전쟁에 나갈 수 있도록 종이집에서 자살하는 과부, 이들의 사례는 일본인들이 눈먼 꿈에 전적으로 동의하고 있음을 나타낸다.

슬라브족, 그들도 같은 꿈을 꾸었기 때문에 두 민족 간의 충돌로 극동에는 갑작스러운 위기가 도래했다. 일본이 슬라브족을 패배시킬 수 있다면, 그리고 앵글로색슨의 커다란 두 지류(미국, 영국)가 일본의 승리를 빼앗아가지 않는다면 일본의 꿈은 기반을 잡을 것이다. 일본의 인구는 식량문제 때문에 항상 제자리걸음이었다. 인구를 증가시키기 위해 가난하고 텅 빈 조선을 식민지로 삼고 만주를 곡물 창고로서 식민지화하면 일본의 인구는 급증하기 시작할 것이다.

하지만 이런 경우에도 갈색인*의 도전은 위협적이지 않다. 일본에게는 그들의 소원을 성취하는 데 필요한 유예기간이 없다. 그들이 위험한 존재로 필요한 세력을 갖추기 전에 서양에서 강대국이 나타나 그들과 같은 꿈으로 맞설 것이기 때문이며 또한 그들에게는 4,500만 명의 인구밖에 없기 때문이다.

서방세계가 위협을 느껴야 하는 대상은 작은 갈색인이 아니라 4억 인구의 황색인**이다. 단, 작은 갈색인이 그들을 선봉한다면 말이다. 중국은 새로운 이념을 거부하지 않을 것이며, 그들은 효율적인 일꾼이므로 좋은 병사가 될 것이다. 그리고 그것은 일차적인 자원이 풍부하다는 의미이다. 누군가가 중국을 경쟁력 있

---

* 이 글에서는 일본인을 의미한다.
** 이 글에서는 중국인을 의미한다.

는 방향으로 이끌어준다면 중국은 급속도로 대성할 것이다. 일본은 이 기능을 수행할 수 있는 준비가 다 되어 있다. 일본은 백인들의 물질문명을 흉내 내는 데 천재적인 재능을 가졌고, 성실한 일꾼이고 유능한 경영인일 뿐만 아니라 중국인을 지휘하는 데 우리보다 훨씬 더 많은 자격을 갖추고 있다. 중국 글자가 우리에게는 풀기 힘든 수수께끼인 데 비해 그들에게는 그렇지 않다. 그들은 중국 글자를 알아보지만 우리는 절대로 그것을 배울 수도 이해할 수도 없다. 중국인과 일본인은 사고의 바탕이 매우 유사하다. 그들은 서양인이 이해하기 힘든 수수께끼 같은 글자를 쓰고 사고방식도 통하므로 앞으로 나아가는 반면 우리는 몰이해라는 장벽에 막히고 만다. 일본인은 서양인이 알아차리지 못하는 굽은 길을 따라 장벽을 피해 갈 수 있을 뿐 아니라, 우리가 따라갈 수 없는 중국인의 왜곡된 정신세계로 갑자기 함께 사라지는 것이다. 중국은 '잠자는 용'이라고 하는데 수세기 동안 잠을 자고 있었던 것이 사실이다. 그런 말을 듣는 것이 당연하다. 사실 일본도 1세대 전에는 마찬가지였으나 갑자기 잠에서 깨어나 여태껏 본 적이 없는 신흥세력으로서 세계를 깜짝 놀라게 했다. 서양문명이 일본을 빨리 깨우는 촉진제 역할을 한 것처럼 일본 고유의 정신으로 일본화된 근대 서양문명이 중국에 활기를 불러일으킬 촉진제를 제공할 수 있을 것이다.

우리는 '아프리카는 아프리카인에게'라는 구호를 들은 적이 있다. 그러나 머지않아 '아시아는 아시아인에게'라는 구호를 들을 날이 올 것이다. 지칠 줄 모르는 – 똑똑하고 유능하며 죽는 것을 두려워하지 않는 – 4억의 인구가 무기력한 상태에서 벗어나 과학적이고 현대적인 전쟁의 귀재인 4,500만 명의 인구에게 재정비되어 다시 태어난다면 위협적인 존재가 될 것이다. 서방세계는 바로 이들을 '위험한 황색인'이라고 부르는 것이다. 우리는 위험한 아시아인들 가운데 있다. 슬라브족은 바로 이 전투를 시작하려고 준비 중이다. 황색인과 갈색인이라고 해서 생전 처음 듣는 그 대단한 모험을 시작하지 말라는 법이 있겠는가?

백인의 사고는 아시아인들의 그런 모험이 성공하리라는 것을 거부한다. 인간은 무엇인가를 맹목적으로 믿는 경향이 있다. 인간의 속성 중에는 민족의 자존심 그리고 피조물의 자존심 또한 있는데 그것들은 좋은 것이다. 우선 서방세계는 위험한 아시아인들이 올라오는 것을 절대로 허락하지 않을 것이다. 서방세계는 황색인과 갈색인이 강력해져서 자신들의 평화와 안락함을 위협하는 존재가 되는 것을 결코 허용하지 않을 것이다. 백인들은 이런 생각을 끈질기게 진전시켜 어떻게 이런 위협이 나타났는지 그리고 왜 절대로 용납할 수 없는지에 대해 논쟁을 확산시켜왔다. 오늘날 이 위험한 아시아인들을 인정하는 것보다 부정하는 목소리가 훨씬 더 크다. 그리고 서방세계는 만약의 가능성에 대비해 무력으로는 아니지만 중국을 경계하고 있다.

두 번째로 갈색인에게는 타고난 약점이 있는데, 그것이 그들의 모험을 실패로 돌아가게 할 수도 있을 것이다. 갈색인의 약점은 그들이 서양으로부터 모든 기술 발전은 도입해왔지만 윤리적 발전은 무시한 점이다. 생산하고 파괴하는 우리의 기술이 그들의 것이 되어버렸다. 그들은 한때 우리의 전용물이었던 모든 것을 복제해 러시아를 지상과 바다에서 격파시키며 우리의 상품과 경쟁을 벌이고 있다. 그러나 정신적인 면, 그것은 흉내 낼 수 없는 것이다. 그것은 삶의 현장에서 직접 느껴야 하며 직접 살아보아야 하는 것이므로, 바로 거기에서 일본은 실패할 것이다.

대포의 사정거리를 재거나 총 쏘는 법이나 무릎을 굽히지 않고 뻣뻣하게 걷는 법을 배우는 데는 그 본질을 수정할 필요가 없다. 그것은 훈련의 문제이기 때문이다. 물질적 발전은 지성의 산물이다. 그것은 지식에 관한 것이므로 동전처럼 주고받는 것이 가능하다. 그것은 신생아의 유전처럼 내재된 것이 아니고 후에 습득하는 것이다. 물질적 발전은 정신적인 세계에서는 통하지 않는데, 왜냐하면 정신의 발전은 민족의 기원에까지 거슬러 올라가기 때문이다. 우리의 정신세계는 아무나 먼저 오는 사람의 호주머니에 들어갈 수 있는 동전이 아니다. 이 점에서 일본인은 우리에게 꼬부랑말을 짧게 발음하거나 중국의 상형문자를 굴려 말해도 아무 소용이 없다. 표범은 가죽의 무늬를 바꿀 수 없다. 즉, 일본인도 바꿀 수 없고 우리도 마찬가지이다. 우리는 수세기에 걸쳐 지금 우리의 모습으로 만들어진 것이고, 어떠한 의도적인 노력에 의해서도 하루 만에 자신을 다른 모습으로 바꿀 수 없다. 그것은 일본인에게도 마찬가지이다. 하루 만에, 아니 한 세대가 지난다 할지라도 인위적으로 모습을 바꿀 수는 없는 것이다.

우리의 집단적 모험이나 바다와 육지를 통한 습격 뒤에 탐욕과 폭력이 난무했다 하더라도, 우리가 행한 모든 나쁜 행위 뒤에는 우리의 것인 누가 뭐라 해도 우리만의 것인 정의, 바른 양심, 삶에 대한 책임감, 동정심, 우정, 인간의 정 등이 깔려 있는데 이것은 수학이나 발사술처럼 동양인에게 가르쳐줄 수 있는 부분이 아니다. 물론 우리는 우리의 양심이 영적인 사명을 알려주기 전에 바른 행동의 길을 더듬거리며 찾았다. 비록 우리가 바른길에서 빗나가 가끔 방황했지만 선지자의 목소리가 크게 들려와서 곧 발길을 되돌릴 수 있었다. 우리의 역사에서 굉장한 사실은 우리가 예수 그리스도를 믿는 종교를 가졌다는 것이다. 우리의 공적이나 실적에 어두운 부분이 있다 하더라도 우리의 역사는 영적인 싸움과 노력의 결과였다. 우리는 무엇보다도 종교적인 민족이며, 그것을 달리 말한다면 우리는 바른길을 찾는 민족이라는 것이다.

"일본인에 대해 어떻게 생각하세요?" 일본에서 얼마간 살았던 미국인 부인에게 물어보았다. 그녀는 이렇게 대답했다. "그들은 영혼이 없는 것 같아요."

일본인에게 영혼이 없다는 것을 의미심장하게 받아들일 필요는 없다. 그것은 단지 일본인들의 영혼과 그 미국인 여성의 영혼 간에 굉장한 차이가 있다는 것을 보여줄 뿐이다. 서로 간의 접촉도 마음의 교류도 감사함도 없었으므로 그 서양의 영혼은 동양의 영혼이 존재한다는 것을 상상할 수가 없었던 것이다. 그들은 너무나 달랐다. 아니 완전히 달랐다.

우리가 지향하는, 바른 것을 위한 전투로서의 종교 그리고 순수함과 영적인 선에 도달하기 위한 도약과 다툼으로서의 종교가 일본인에게는 생소한 것이었다. 종교가 우리에게 의미하는 바를 생각한다면 일본인에게는 종교가 없다고 보아야 할 것이다. 그렇지만 그들에게도 종교가 있다. 그리고 누가 감히 그들의 종교가 우리의 종교만큼 위대하지도, 효율적이지도 않다고 말할 수 있겠는가? 한 일본인은 다음과 같이 말했다. "우리의 사고는 도덕적인 양심이 아닌 국가적인 양심에 영향을 받는다. 우리에게 국가는 금을 캘 수도 수확을 거둘 수도 있는 흙이나 토지 이상의 것이다. 그곳은 신과 조상의 영혼이 거주하는 성역인 것이다. 우리에게 천황은 리스타트의 아슈 수문장보다 더 중요하고 심지어 컬터스타트의 파트롱 성인보다 더 위대한 분이다. 그는 이 땅 위에 살아 있는 하늘의 사자이며 권세와 자비를 한 몸에 지니신 분이다."

일본의 종교는 실제로 국가를 숭배하는 것 그 자체이다. 애국은 바로 그 숭배를 표현하는 것이다. 일본인은 천황이 하늘에서 내려보낸 분인지 아닌지를 알려고 내기를 하지 않는다. 일본인이라면 누구나 천황을 살아 있는 신으로 여긴다. 그들은 천황을 위해서라면 죽음도 불사한다. 일본인은 개인주의자가 아니다. 그들에게는 도덕적인 양심보다 국가적인 양심이 더 우선한다. 그들은 국가의 번영에 관계되는 일을 제외하고는 인간의 의를 완성시키는 것에 관심이 없다. 개인의 명예는 존재하지 않는다. 단지 자신의 명예이기도 한 국가의 명예만이 존재할 뿐이다. 그들은 자신을 개인의 안위를 위해 일하는 자유인으로 생각하지 않으며 또한 정신적인 고뇌라는 것을 모른다. 그들은 자신의 운명을 숙명으로 생각하고 피할 수 없는 것으로 조용히 받아들이며, 위험이나 중상모략에도 극기주의자처럼 처신하며 죽음을 무서워하지 않고 오히려 우호적인 태도를 취한다. 그들은 마치 일벌들이 벌통에 집착하는 것처럼 국가에 집착한다. 자신은 아무것도 아니고 국가가 전부이며, 그들이 존재하는 이유도 국가를 명예롭게 하거나 고취시키는 것이다.

일본인에게 오늘날 가장 찬미받는 것은 애국심이다. 서방세계는 일본의 애국심이 자신의 애국심과 같은 개념이라고 생각해 무심코 지나친다. 러시아인 애국자가 "신과 국가와 황제를 위하여!"라고 외친다. 일본인의 정신에 비추어 보았을 때 이 세 가지 개념은 서로 다른 것이 아니다. 황제(천황)와 신과 국가는 같은 것이다. 그러나 일본인의 애국심은 맹목적이며 실제로 전제주의로 이르는 절대적인 충성심에 기인한다. 일본인에게 천황은 절대적이다. 천황의 귀의 역할을 하며 일본의 운명을 결정하는 다섯 명의 야심 많은 대신도 천황과 마찬가지로 절대적인 존재들이다.

물질적인 성공보다 더 깊은 뿌리가 없다면 그리고 민족의 명예나 정복욕보다 더 중요한 동기가 없다면, 어떠한 민족적인 위대한 모험도 멀리 나아가지 못하고 또한 오래가지 못한다. 민족적인 위대한 모험이 오래 지속되고 멀리 나아가려면 윤리적인 요소와 진지한 공정성이 첨부되어야 한다. 그러나 방금 언급한 가설은 우리의 신앙에 의해 육성된, 우리 고유의 도덕적 가치에서 나온 서방 민족의 자만심의 산물이다. 그것은 민족에 대한 선입관만큼이나 옳지 않을 수도 있다. 오늘날의 세계는 이제까지의 그 어느 때보다 훨씬 빨리 돌아가고 있다. 요즘 세상은 예전에 비해 추진력이 훨씬 커서 사건들이 빨리 종결된다. 지금 극동은 서방의 모험심 많은 민족들과 동양의 민족들이 만나는 시점을 지나고 있다. 우리의 자식 세대나 손자 세대를 기다리지 않아도 될 것이다. 우리는 우리의 눈으로 이 만남을 직접 보게 될 것이며, 이 만남은 황색인과 갈색인의 모험적인 운명의 많은 부분을 결정하게 될 것이다.

일본이 중국을 깨운다면……

 만약 다른 사람의 정신적 발전 과정을 이해하지 못한다면 어떻게 그가 취할 다음 행동을 예측할 수 있겠는가? 이것이 바로 오늘날 백인과 일본인 사이에 존재하는 상황이다. 물론 그렇지 않다고 말하고 싶어 하는 경향이 있지만 우리들은 일본인에 대해 아무것도 모른다(우리는 그들에 대해 뭘 좀 안다고 생각하는 경향이 있는데 그건 차라리 아무것도 모르는 것보다 더 심각한 일이다). 인류가 자기 모습에 따라 만들어졌다고 생각하는 것이 바로 인간의 약점이며, 일본인이 우리처럼 생각하고 우리처럼 행동하며 우리와 비슷한 관점을 갖고 있다고 생각하는 것이 백인들의 약점이다.

 라프카디오 헌(Lafcadio Hearn)의 경우처럼 백인이라 하더라도 선천적으로 타고난 경우에는 일본인을 이해하는 것이 가능할 수도 있다. 그는 예술적 감수성을 소유한 사람이었다. 그 감각이 어찌나 예민하던지 자신에게서 나와 다른 사람의 영혼에 들어가서 다른 사람의 눈으로 그리고 다른 사람의 관점에서 인생을 바라보았다. 즉, 한마디로 말해 다른 사람이 되었던 것이다.

라프카디오 헌*은 일본에서 살았다. 그는 자신을 일본인과 동일시했으며 모든 면에서 일본인이었다. 그는 일본 대학의 교수였고 일본인 부인을 두었으며 심지어는 일본인이 되기 위해 자신의 국적을 포기할 정도였다. 예술가로서 자신이 다루는 주제를 열성적으로 연구했고 일본인의 마음을 영어로 통역해 서양인으로서는 처음으로 일본에 대한 가장 훌륭한 책들을 썼다. 수십 년 동안 그는 일본인의 마음을 크게든 작게든 모든 관점에서 분석하고 해독하고 설명하고 해설하며 그의 작품들을 만들었다.

라프카디오 헌은 러일전쟁이 일어나기 바로 전에 죽었는데 그는 자신의 주제에 대해 해박한 지식을 갖고 있었다. 그의 마지막 책은 그때 인쇄 중이었으며 곧 발간되었는데 책의 제목은 『일본,

---

* 라프카디오 헌(1850~1904)은 그리스계의 어머니와 아일랜드계의 아버지 사이에서 태어났으며 작가이자 신문기자로 활동했다. 그는 일본에 정착해 일본 여자와 결혼하고 고이즈미 야쿠모(小泉八雲)라는 이름으로 귀화했다. 도쿄대학의 영문학 교수로 근무하며 일본에 대한 많은 저서를 남겼다.

해석론(Japan: An Attempt at interpretation)』이다. 이 책의 서론에서 라프카디오 헌은 한 가지 고백을 했다. 그는 수십 년간 일본인들과 가깝게 살아왔지만 이제 겨우 그들을 이해하기 시작했다는 것이었다. 그리고 그는 자기가 일본인들에 대해 아는 것이 아무것도 없다는 것을 아는 데 오랜 세월이 걸렸기 때문에 이제는 자기가 그렇게 믿어도 괜찮다고 느껴진다는 것이었다. 그것은 좋은 징조였다. 그는 일본인들에 대해 무엇인가 알고 있다고 믿는 다른 백인들보다 훨씬 멀리 가 있었던 것이다.

그는 일본에 관해 수십 년간 연구한 후에야 일본인의 영혼이 자신을 사로잡아서 판단력을 흐리게 했다는 것을 깨달았으며 그 사실을 솔직히 인정했다. 그는 자기와 평상시에 접촉했던 젊은 일본인 학생들에 대해 말했으며, 그들이 청년기에서 성인기로 넘어갈 때 어떻게 정신적으로 개화하고 발전했는지 지켜본 것에 대해 이야기했다. 그리고 그는 그들이 인간이었고 일본 사회에 속한 일본인이었으며 그들에게 자신은 이방인에 불과했다고 서글프게 진술했다. 그들은 상냥했고 그와 악수를 나누었고 언제나처럼 대화를 나누었다. 그러나 그는 그들의 영혼을 이해할 수 없었다. 그는 그들의 얼굴을 보고 있었으나 그것이 전부였다. 그들의 눈을 보고 있었으나 그 뒤에 스치는 생각을 잡을 수는 없었다. 그에게 그들의 심리적 과정은 가려져 있었다. 왜 그들이 이런 일을 하는지 저런 일을 하는지 그에게는 여전히 수수께끼로 남아 있었다. 그는 자기로서는 예측할 수 없는 동기들 – 도저히 그는 따라갈 수가 없는 그들만의 영혼의 미로에서 나온 – 에 의해 그들이 행동하는 것을 발견했다. 그들의 인생은 그의 것과는 다른 배경에서 나타났다. 그런데 그는 이 배경이 도대체 어떤 것이 될지를 전혀 예측할 수가 없었다. 그가 볼 때 그것은 꼭 이해되지 않는 사차원의 세계 같았다. 이렇게 그는 그의 마지막 저서의 서론에서 슬프게 서술했으며, 또한 마르코 폴로(Marco Polo) 이후의 모든 서양인들이 그랬던 것처럼 그를 잘못 유도했던 동양의 신비스러운 눈을 놀랍고 비통하게 응시했다.

내가 애써서 설명하려는 요점은 일본인에 관한 백인의 생각이 대부분 잘못된 것이라는 점이다. 왜냐하면 그것은 일본인의 정신을 구성하는 섬유와 피류에 대한 상상적인 지식에 기초한 것이기 때문이다. 일본에서 수개월간 살았던 나는 내가 알고 지내던 한 미국인 여성에게 일본인에 대해 어떻게 생각하느냐고 물었었다. 그러자 그녀는 "일본인에게는 영혼이 없다"고 대답했다.

그녀의 견해는 옳지 않았다. 일본인은 그녀와 똑같이 그리고 그녀의 민족과 똑같이 영혼을 갖고 있다. 그리고 나는 일본의 영혼이 서양의 영혼에 비해 조금이라도 열등하다는 생각은 하지 않는다! 오히려 더 우세할 수도 있다. 그렇다. 우리는 일본인의 영혼을 그리고 그 영혼이 사물의 질서 가운데서 어떤 가치를 가질 수 있는지 알지 못한다. 그리고 이 미국 여성의 지적이 그 점을 더욱 확고하게 나타내는 것이다. 일본인의 영혼은 그녀의 것과 너무 다르고 그녀에게 표현할 수 없을 정도로 이상하며 그녀와 공통점이 전혀 없고 서로 통할 수 있는 방법이 없어서 그 존재의 아주 사소한 징후도 그녀에게는 보이지 않았던 것이다.

일본은 경이로운 발전을 이룩해나가며 번번이 세계를 놀라게 했다. 그러나 지금은 그런 놀라움을 구성하는 사실들에 익숙치 못한 사람들만이 놀랄 따름이다. 만약에 우리가 정말로 일본인들을 잘 알았더라면 우리는 결코 놀라지 않았을 것이다. 그런 방법으로 과거에 그리고 조금 전에 우리를 놀라게 했던 일본인이라면 내일, 아니 그 후에 우리를 놀라게 하지 말라는 법이 없을 것이다. 그들이 우리를 미래에도 놀라게 할 것이기 때문에 그리고 어떻게 놀라게 할 것인지 모르기 때문에, 우리가 그 누구이더라도 그리고 남을 통찰하는 타고난 재능을 아무리 많이 갖고 있다 하더라도 이렇게 침착하게 말할 수 있다.

"놀라는 거야 좋다. 하지만 우리에게 곧 황인종 — 중국인 혹은 일본인 — 이 몰고 올 위험이 닥치지 않을까?"

지구상에는 4,500만 명의 일본인이 있고 4억 명이 넘는 중국인이 있다. 이는 우리가 다양한 백인 혈통의 민족들을 합친다 해도, 즉 영국, 프랑스, 독일, 중부 유럽과 발칸반도, 스칸디나비아의 민족들, 백인계 러시아족 그리고 심지어 라틴족과 북아메리카 민족, 호주와 뉴질랜드, 남아프리카의 백인들, 앵글로 인디언들 그리고 지구상에 퍼져 있는 모든 백인들을 합친다 해도 중국인과 일본인을 합친 것보다 숫자가 적다는 것을 의미한다.

우리는 일본인보다 중국인의 정신을 더 잘 이해하지 못한다. 우리보다 더 유사성이 많은 이 두 민족이 연합해 민족적인 광대한 모험의 항해를 같이 떠난다면 과연 어떠한 일이 일어날 것인가? 영어권의 커다란 모험은 단지 시작에 불과한 것이리라. 우리는 민족적인 모험에 참가한 모든 사람들이 꿈꾸었던 것과 같은 꿈을 꾸고 있다. 그리고 일본인이 나폴레옹과 똑같은 어떤 광대한 꿈을 불태우고 있지 않다고 그 누가 장담할 수 있겠는가?

일본 민족은 전 아시아 민족 중에서 물질적 실현의 측면에서 서양의 기술을 도입하거나 서양의 장비를 갖출 수 있는 유일한 민족이다. 일본은 군사적으로 상업적으로 공업적으로 우리의 기술을 자기네 것으로 만들었다. 그리고 어찌나 잘했던지 우리는 그것을 보고 놀라지 않을 수 없었다. 우리는 그 기술이 자체적인 것이라고 생각하지는 않는다. 이제 중국에 대해 생각해보자. 우리는 우리의 물질적인 성공 방식과 이점을 중국인에게 그들이 이해할 수 있는 용어로 묘사할 수 없다. 우리는 중국인의 정신을 알지 못한다. 그러나 일본, 그들은 중국인을 안다. 일본과 중국은 같은 뿌리에서 유래한다. 그들의 언어도 거슬러 올라가면 어원이 같다. 그들은 생각하는 방식도 비슷하다. 중국인의 정신이 우리를 따돌릴 수는 있으나 일본인은 따돌릴 수 없을 것이다. 그렇다면 일본이 우리의 꿈에 따르는 것이 아니라 자신들의 꿈에 따라 중국을 깨운다면 어떤 일이 일어날 것인가? 왜냐하면 일본만이 우리의 기술을 모두 습득한 후에 중국인들이 이 지식을 알아들을 수 있는 용어로 전해줄 수 있는 나라이기 때문이다.

중국인과 일본인은 검소하고 일벌레이다. 중국은 공업 문명의 토대를 이루는 막대한 양의 석탄과 철을 보유하고 있다. 세계에서 가장 우수한 4억 5,000명의 일꾼들이 공업화를 향해 전진한다면, 그것은 곧 우리를 불안하게 만들 만큼 어마어마한 새 경쟁자가 민족 간의 싸움이 치열한 세계시장의 무대에 등장한다는 이야기인 것이다. 이것이 바로 민족의 모험이며 아시아인들의 꿈과 우리들의 꿈 사이에서 일어나는 첫 번째 충돌이다.

그것이 경제적인 충돌에 불과한 것은 사실이다. 그러나 경제적인 충돌에는 항상 군사적인 충돌이 선행되어왔다. 그리고 나서는? …… 황인종의 위협은 도깨비불에 불과한 것이 아니다. 러시아인들도 일본인들이 탱크와 화약으로 자신들의 원대한 모험을 박살내고 부푼 꿈의 풍선을 터뜨릴 때까지는 그들을 도깨비불 정도로 알았을 뿐이다.

한 가지 사실은 확실하다. 만약에 언젠가 우리의 꿈이 갈색 인종과 황색 인종의 꿈과 부딪치거나 또는 우리의 꿈의 풍선이 그들에 의해서 터질 경우, 적어도 한 민족은 놀라지 않을 것인데 그것은 바로 러시아일 것이다. 러시아는 그들의 꿈으로부터 깨어났다. 그러나 우리는, 우리는 아직도 꿈을 꾸고 있는 것이다.

지은이

잭 런던 (Jack London)

미국 역사상 유례를 찾아보기 힘든 계급투쟁의 시기에 태어나 밑바닥 생활을 두루 섭렵한 잭 런던은 자신의 체험에서 터득한 본능적인 계급 감각을 무기로 독특한 사회소설을 발표했다.

『비포 아담』(1907), 『강철군화』(1908), 『마틴 에덴』(1909), 『버닝 데이라이트』(1910), 『달의 계곡』(1913) 등 19편의 장편소설, 500여 편의 논픽션, 200여 편의 단편소설을 썼다. 그중 『야성이 부르는 소리』, 『바다의 이리』, 『늑대개』는 세계적인 고전으로 평가받고 있다.

전 세계에 가장 많이 번역 출간된 미국 작가 중 한 명인 잭 런던의 작품들은 80개 이상의 언어로 번역되었고, 평단의 홀대에도 불구하고 그는 미국 문학 역사상 가장 대중적인 작가로 손꼽힌다.

옮긴이

윤미기

이화여자대학교 불어불문학과를 졸업했고, 프랑스 파리 대학과 스위스 제네바 대학을 수료했으며, UN 언어 과정을 졸업했다. 옮긴 책으로는 『기드 모파상』, 『캉디드』 등이 있다.

잭 런던의 조선사람 엿보기 (제2판)

1904년 러일전쟁 종군기

지은이 | 잭 런던
옮긴이 | 윤미기
펴낸이 | 김종수
펴낸곳 | 한울엠프러스(주)
편 집 | 배소영

초판 1쇄 발행 | 1995년 2월 25일
제2판 1쇄 발행 | 2011년 4월 25일
제2판 2쇄 발행 | 2024년 5월 1일

주소 | 10881 경기도 파주시 광인사길 153 한울시소빌딩 3층
전화 | 031-955-0655
팩스 | 031-955-0656
홈페이지 | www.hanulmplus.kr
등록 | 제406-2015-000143호

Printed in Korea.
ISBN 978-89-460-4370-1 03840

※ 책값은 겉표지에 표시되어 있습니다.